KUP選書 2

本馬貞夫
Homma Sadao

世界遺産 キリシタンの里

長崎・天草の信仰史をたずねる

九州大学出版会

まえがき

本書は、二〇一八年二月から二〇二〇年六月まで中日新聞・東京新聞系列紙に連載された「キリシタンの里――奇跡の信仰史――」を、再構成のうえ収録したものである。連載の背景は、二〇一八年六月三十日バーレーンで開かれた国連教育科学文化機関（ユネスコ）世界遺産委員会で、「長崎と天草地方の潜伏キリシタン関連遺産」を世界文化遺産に登録するという決定がなされたことにある。

連載では筆者自身半ば主人公となり、県立長崎図書館勤務や長崎歴史文化博物館研究室在勤の経験を生かしてキリスト教史を学び、各地の「キリシタンの里」を訪ねるかたちで展開した。その間、現地の方々にお世話になるとともに、いろいろご教示を賜ることで成立した本書である。何より、ただ文献史学という立場だけで自由に執筆できたことは大きい。

ところで、県立長崎図書館郷土（史料）課勤務が長かった筆者は、レファレンス業務のために長崎県の歴史を「広く浅く」いわば学際的に学習して、来館者の要望に沿う資料提供を心がけ、それに伴い来館者から教えられることも多かった。本書は、そうした「広く浅く」に多少の好奇心を加えたような内容だが、それでも視野を広げてキリスト教史を学んだことで、浦上一番崩れでは新事実が明らかとなり、新知見が得られた。外海（そとめ）から五島列島に関しても、今後の研究見通しをいくつか提起できたと思う。

心配なのは、人口減少が著しい離島・半島にある「キリシタンの里」の今後である。ようやく世界文化遺産登録が追い風となって訪れる人が増えてきたところへ、新型コロナウイルス…。何とも歯がゆい。

それでも機会があれば、ぜひ現地の世界文化遺産構成資産その他の「キリシタンの里」巡りをすることによって、筆者が感じた何かしら〈人が良くなる空間〉を体験していただければ幸いである。

二〇二〇年十二月

長崎県長崎学アドバイザー

本馬貞夫

目次

序　章

平戸の聖地と集落
（春日集落と安満岳）
2
平戸の聖地と集落
3（中江ノ島）
野崎島の集落跡
8
平戸市
小値賀町
頭ヶ島の集落
9
佐世保市
7
黒島の集落
奈留島の江上集落
（江上天主堂とその周辺）
11
外海の大野集落
6
新上五島町
大浦天主堂
12
原城跡
1
長崎県
5
長崎市
五島市
外海の出津集落
南島原市
10
久賀島の集落
天草の﨑津集落
4
熊本県
天草市
番号は構成資産に付けられたもの

世界遺産登録への道のり

長崎県のキリスト教史は、日本のキリスト教史の主要な部分を占めている。

今もなおカトリック長崎大司教区の信者数は六万人を超え、東京都の約九万人についで多い。当然教会の数も多く、とりわけ平戸や五島列島、外海（そとめ）地方など離島・半島に建てられた教会は山海の自然に溶け込んで、巡礼・見学に訪れる人々を和ませる。熊本県天草市の﨑津（さきつ）も同様であった。

筆者は長崎市に住んでいて都会の住民という意識はあまりないが、それでも小さな集落（キリシタンの里）と教会を訪れ、住民の方々に接すると、自身なぜか人が良くなった感じがする。二・三日しかもたないが気持ちはいい。そういえば緑が美しい山間の寺社を訪れたときにも感じた。

そうした地域の市民組織や自治体による世界遺産登録の活動は、もともと「長崎の教会群とキリスト教関連遺産」とのタイトルで展開された。西洋と東洋の建築様式が融合した教会群を中心に、キリスト教の伝来と繁栄、幕府による禁教・弾圧、潜伏して信仰継続、幕末の復活（信徒発見）、信仰の自由と教会建設というわかりやすいストーリーで説明してきた。

二〇一五年一月に文化庁は、国連教育科学文化機関（ユネスコ）に登録を申請したが、その諮問機関である国際記念物遺跡会議（イコモス）には受け入れられなかった。イコモスが価値を見出したのは潜伏の時代であって、東西建築様式融合の教会は日本だけではないと判断されたのである。

長崎県庁ロビーでのパブリックビューイング
県内と熊本県天草市の12ヶ所に約2,000人が集まった

二〇一六年一月に登録延期勧告が出る可能性が伝えられたため、いったん推薦を取り下げざるをえなかった。もともと形がない潜伏キリシタンの思想・伝統文化を立証することは非常に難しい。長崎県と文化庁は、イコモスとのアドバイザー契約を最大限活用して『世界遺産登録推薦書』という形に仕上げた。再推薦までのわずかな準備期間であった。

二〇一七年二月、文化庁は潜伏キリシタンを中心とした推薦書をユネスコに再提出した。これをもとに同年九月、イコモスによる十二構成資産の現地調査が行われた。現地は過疎地域が多いだけに、今後の資産管理・保全やガイドの育成も課題で、イコモスには具体的に説明がなされたはずだ。

二〇一八年五月、イコモスが「長崎と天草地方の潜伏キリシタン関連遺産」の世界文化遺産登録を勧告し、同年六月に中東のバーレーンで開かれたユネスコ世界遺産委員会で最終的に決定した。筆者は長崎県庁ロビーのパブリックビューイングで、その様子を見ていた。日本の番となり、潜伏キリシタン関連遺産の登録が決定したとき、集まった約三百五十名から拍手と歓声が起こったことはいうまでもないが、どこかホッとした空気も流れた。

新たな形の世界遺産

「長崎と天草地方の潜伏キリシタン関連遺産」の世界文化遺産登録時に驚かされたのは各委員国の発言である。すばらしい質の高い推薦書、科学的に辛抱強く取り組んだ模範的なもの、東西の文化的交流を示す重要な遺産、二世紀を超えるキリスト教の弾圧と復活という重要な歴史を伝えている、寛容・対話という重要なメッセージを伝える資産、というように発言した十三人すべてから賛辞が相次いだ。その意味を推測するに、この遺産が今日の厳しい世界情勢の緩和に寄与する性格であると受けとめられたこと、また登録への過程がイコモスとの協働作業であったことも大きい。

今回の世界文化遺産登録について、長崎県世界遺産学術委員会の服部英雄委員長（九州大学名誉教授）は「新しいタイプの世界遺産」が誕生したという。地味でわかりにくいが、深みのある世界遺産である。どこがすごいのか。

「長崎と天草地方の潜伏キリシタン関連遺産」は、二世紀を超える潜伏時代の信仰史が評価され、その集落に焦点が当てられた。この遺産は十二の資産から構成されているが、島原の乱の戦場であった島原半島南端の原城跡と、信徒復活（カトリックの立場では発見）の舞台となった長崎の大浦天主堂を除けば、長崎県・熊本県の十の資産が潜伏キリシタン関連である。つまり、「長崎と天草地方の潜伏キリシタン関連遺産」は日本で江戸幕府によるキリスト教禁教政策が厳しく実施されていた時期に、

久賀島の五輪(ごりん)集落　左の建物が旧五輪教会堂

神社や仏寺と共存しながら二百数十年も守り続けられた潜伏キリシタンの信仰と、その集落に世界的価値があるとされたのである。そうした価値をよく理解するためには、歴史的背景を知るとともに「潜伏キリシタン」をきちんと位置づけることが大切になってくる。

それでは十二構成資産のうちでも、とりわけ地味な感じを受ける「久賀島(ひさかじま)の集落」の写真を見ていただきたい。どこにでもある小さな集落である。しかし、江戸時代後期に大村藩領の外海から領民が移住し、そこにキリシタンが多く含まれていた、久賀島在来の人びとと共存して集落を営んでいたが、明治維新直後の弾圧で多くの殉教者が出た、信仰が認められると自分たちで小さな教会を建てた、という一連の歴史的背景が頭にあれば、ここを訪れた人は宗教・宗派を問わず敬虔な気持ちになるであろう。詳しくは第五章の210～217ページをお読みいただきたい。

「久賀島の集落」は、これからの観光のあり方を考える一つのモデルになるのではないか。単に「楽しむ観光」に加えて「学び楽しむ観光」がここにはある。

世界遺産守り伝える

教会は潜伏キリシタン集落を証明する存在であり、現在は集落景観の中心をなしている。教会を支える信徒は新上五島町頭ヶ島（かしらがしま）教会が六世帯、福江市の江上教会・五輪教会は一・二世帯と聞く。他地域信徒の応援があるとしても、このままでは地域社会が消滅の危機にさらされ、教会はじめ集落景観も維持できない。長崎市の「大浦天主堂」を除けば熊本県天草市の「﨑津集落」を含めて十一の資産がすべて離島・半島に存在しており、逆に離島・半島にあったからこそ、景観が保持できたとも考えられる。世界文化遺産への登録はできるだけ急ぐ必要があった。

長崎県はじめ資産が所在する各自治体は、当面の人口減対策、雇用創出策として観光インフラの整備を行ってきた。しかし、むやみと観光客が来ればいいというものでもない。なにより信徒の皆さん、地域住民の生活が第一であり、そうした生活環境が保たれることによって世界遺産としての価値が維持されていく。筆者は機会をとらえて〈人が良くなる空間〉と話しているが、これは住んでいる人、訪れる人双方にいえることである。

また「新しいタイプの世界遺産」をわかってもらうためには、潜伏キリシタン集落を説明できるガイドが欠かせない。例えば、かつて平戸市の春日集落を車で通ったとき、近世村落の景観だとは感じたが、それ以上は何もわからなかった。ぜひ車を降りて、案内所で住民の皆さん（先祖が潜伏キリシ

安満岳頂上にある、通称キリシタン祠（ほこら）

タンの方も）の説明を聞き、歩いて集落巡りをしてほしい。安満岳（やすまんだけ）の話も出るだろう。もともと山岳信仰の霊場を、潜伏キリシタンも崇拝したという神様共存の霊峰である。また、南島原市の原城跡については、現地での説明があれば一帯が衝撃的な戦場と化すかもしれない。

考えてみれば、潜伏キリシタン集落は今回の構成資産以外にもたくさんあって、その中で世界遺産の要件を完全に満たし、国の文化財指定を受けているものだけが選ばれたわけである。この登録に際して、弾圧・潜伏・復活の歴史を振り返り、精神的には同等の価値を有する他の集落にも思いを馳せたいと思う。

とりわけ潜伏時代の信仰を今に伝えるとされる「かくれキリシタン」の存在は今後きわめて重要になっていくだろう。「潜伏」と「かくれ」は同じなのか違うのか、そのあたりも含め、適度に脇道・横道にそれながら「キリシタンの里」執筆の責務を果たしたいと思う。第一章以下、主として長崎県のキリスト教史と、キリシタンの里の奇跡の信仰史を語り、さらに構成資産に関わる人々をも紹介させていただきたい。

第一章

キリスト教の伝来から鎖国体制成立まで

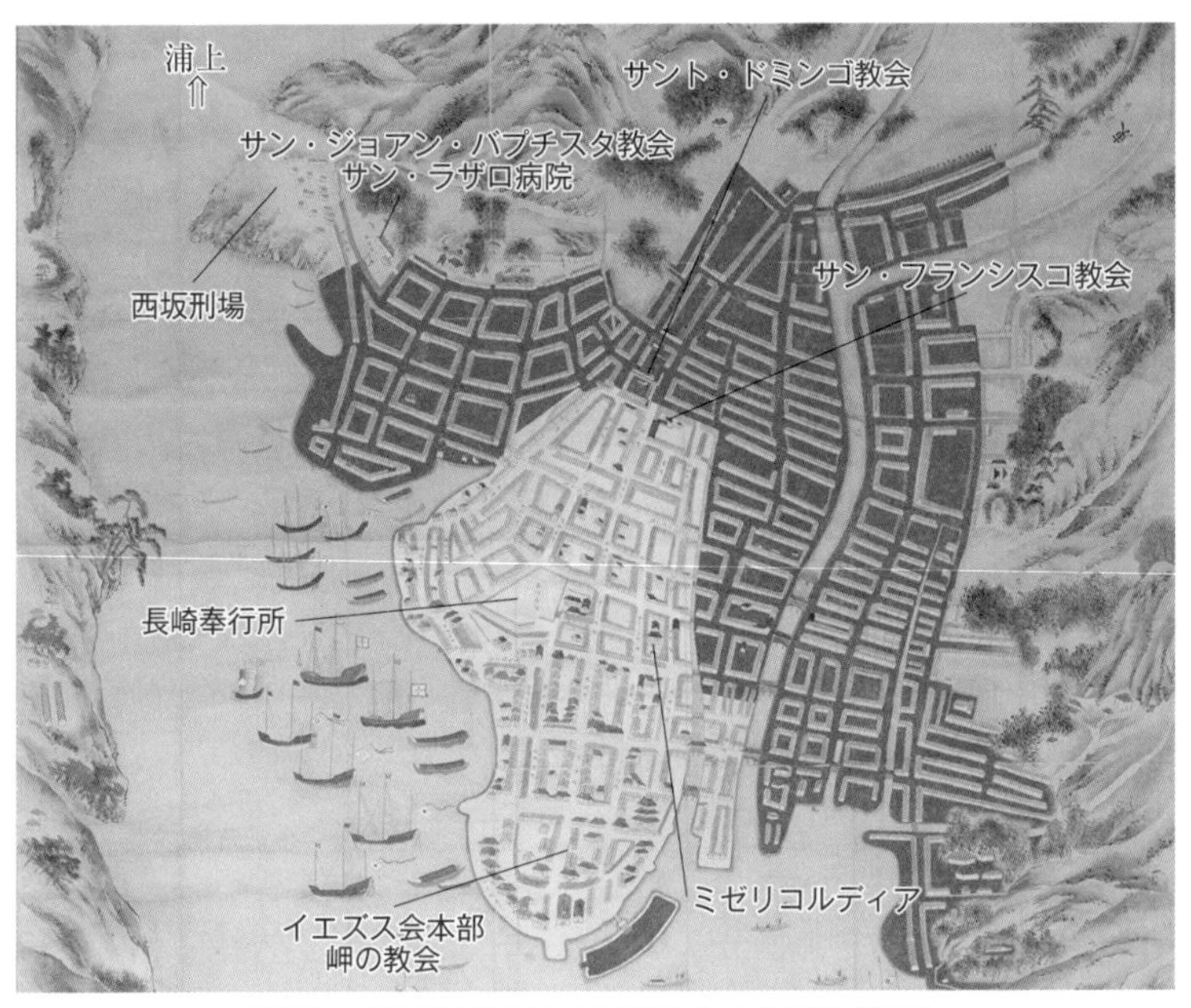

「寛永年間長崎港図」（長崎歴史文化博物館蔵）

キリスト教の伝来

一五四九年八月、イエズス会の宣教師フランシスコ・ザビエルが鹿児島に渡来し、日本にキリスト教が伝わった。まずはその背景を、ザビエルの動静と併せて紹介することから始めたい。

十五世紀後半、イベリア半島のカトリック国であるポルトガルとスペインはインドをめざした。アラビア商人・ベネチア商人が独占していた高価な胡椒を直接入手することも目的の一つだったとよくいわれる。また、黄金の国・ジパング（日本）も彼らの意識の中にあったらしい。

イエズス会のアジア布教活動と直接関係したポルトガルにしぼるが、エンリケ航海王子の行動が大航海時代の先鞭をつけたようだ。ただ伝説が入り交じってはっきりしたことはわからない。アフリカ南端を回ってインドに到る、いわゆる東回り航路の開拓によって、ポルトガルは海洋大国にのし上がった。一四九八年にバスコ・ダ・ガマがインドに到着し、その後ゴアを中心にインド西海岸での植民が行われた。さらに一五一一年にはマレー半島のマラッカを占領して東南アジアに進出し、ついで一五一三年中国マカオに到達した。

ポルトガル・スペインの海外進出には、貿易の利益を求めるとともに、植民地を得て富を吸い上げ、支配を円滑にするため住民をキリスト教に改宗させるという側面もあった。もちろんすべてがそのように行われたわけではないが、当然ローマ教皇と教会勢力の強い後押しがあった。

当時は教会が発行・販売する免罪符（購入すれば罰の償いを免除される）に対して反感が大きく、とくに一五一七年ルターが教会に向けて出した「九五か条の論題」をきっかけに宗教改革運動が盛り上がった。この運動はドイツからスイス、オランダ、イギリスなどへ波及し、カトリックに対してプロテスタント（抗議する人）が勢力を伸ばしていった。

時期を同じくして登場したのがイエズス会である。一五三四年、イグナチウス・デ・ロヨラを中心に創立されたイエズス会は、宗教改革運動を意識して結成されたものではなかったが、聖地巡礼、教皇への服従、自己犠牲をかかげて活動し、反宗教改革の旗手のような存在となった。

脇道に入る。長崎市外海（そとめ）地方黒崎は典型的なキリシタンの里。知人の案内で、とあるお宅にうかがった。かつては竹筒に入れて秘匿されていたメダイ・クルスなどを見せていただいたが、ふと神棚を見ると、そこに小さな銅製の像がある。お尋ねすると「イナッショ様」という。イグナチウス・デ・ロヨラのことである。

イナッショ様（個人蔵）

さて、ポルトガル国王ジョアン三世はインド布教体制の整備のため、教皇パウロ三世にイエズス会からの人材派遣を要請した。パウロ三世はロヨラにインド行き神父を依頼し、結果ザビエルが選ばれたわけである。

一五四一年四月七日、ザビエル三十五歳の

永遠の巡礼者ザビエル
（日本二十六聖人記念館展示）

誕生日に乗船。サンチャゴ号はリスボンを出帆、翌年五月ゴアに到着した。その後、ゴアを拠点にインド海岸部各地を伝道し、一五四五年にはマラッカに向かった。さらに、インドネシアの東部に位置するモルッカ諸島に足を伸ばしている。ここは丁子（クローブ）など貴重な香辛料の産地で、当時はポルトガルが独占していた。後にはオランダ・イギリスが進出し、現地人を巻き込んだ虐殺が繰り広げられた。

ところで、ザビエルはアンボイナからセラム島へ渡る途中、嵐に遭って十字架を海に落としてしまった。セラム島へ着くと、蟹が十字架を捧げて待っていたというユーモラスな奇蹟の舞台はここである。

一五四七年マラッカに帰ったザビエルを、日本人アンジロウ（ヤジロウ）が訪ねて来た。彼は鹿児島の人で、人を殺めて逃げて来たのだともいわれているが、詳しいことはわからない。キリスト教を知りたいというアンジロウと話すうちに、日本布教の可能性を膨らませたザビエルは、アンジロウとその従者二人を連れて準備のためにゴアへ戻った。彼らは学院に入って教義を学び、受洗した。アンジロウの洗礼名はパウロである。

十六世紀の南シナ海・東シナ海域では、明王朝の海禁政策に反発する密貿易商人が、日本の海商とも組んで中国・日本・東南アジア間の交易を行い、中国人主体ながら「倭寇」と呼ばれていた。この海域に参入したポルトガル商人は新倭寇ともいえそうだ。

後述する大内義隆の滅亡後、日明勘合貿易が断絶すると、倭寇の活動はますます烈しくなった。海商・海賊は表裏一体、日本へ渡航しようと思えば、彼らのジャンク船を活用するのがよい。ザビエル一行が鹿児島へ向かった船も中国人海商（海賊）のジャンク船であった。ザビエル以下コスメ・デ・トルレス神父、フェルナンデス修道士、アンジロウと従者二人の計六人である。

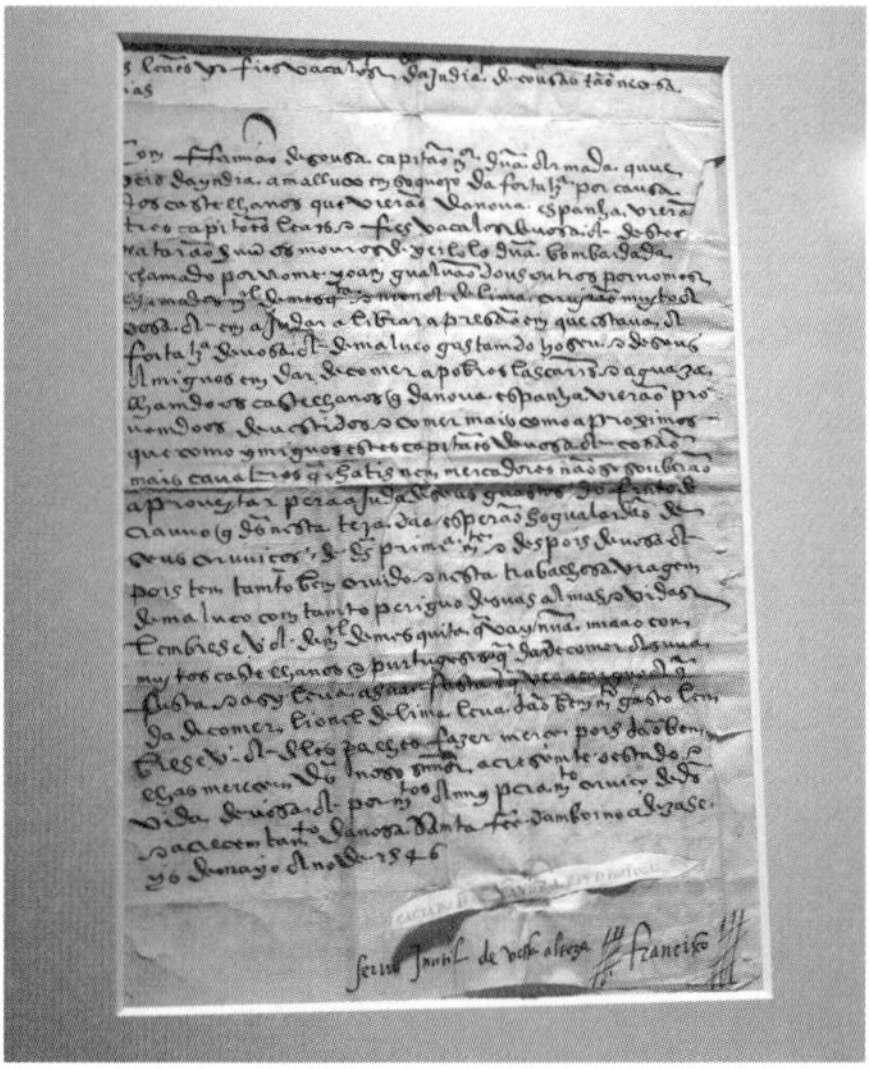

鹿児島に着いたザビエルは、領主島津貴久に会い、布教許可を得た。一年ほどの鹿児島滞在で獲得した信者は百人前後だったろうが、その一人「鹿児島のベルナルド」はローマの地を踏んだ最初の日本人留学生である。

ザビエル自筆書簡
（日本二十六聖人記念館蔵）

ザビエルの布教活動

ポルトガル船が平戸に入港したという情報を得たザビエルは、一五五〇年九月鹿児島の信徒の世話をアンジロウに頼んで鹿児島を発った。前年にも平戸に旅行しているようだし、このあたりは海商のネットワークを前提として考えた方がよさそうだ。

ポルトガル船の平戸入港も、中国人海商の首領である王直(おうちょく)の存在が大きい。彼は五島にも平戸にも屋敷を構えていた。平戸の大名である松浦(まつら)隆信は、ポルトガル船の乗員がザビエルを歓待し敬意を表していることに驚き、即時布教を認めた。

貿易の利益が目の前にあり、日本語が巧みになったフェルナンデスもいて、平戸では百人ほどの信者を得た。長崎県域におけるキリスト教の伝来である。それでも、早く「ミヤコ」へ行き「日本の王」(天皇)から布教許可を得たいと思っているザビエルは、平戸をトルレスに任せて出立した。途中の治安状況を考えて、王への親書・贈物などは平戸に残した。ゴアの総督・司教から託された珍奇な品物である。

同年山口を経てようやく京都に入ったが、町は荒廃し、天皇の権威も衰退していることがわかった。そのため第二の選択として、繁栄している山口の大名大内義隆に親書と贈物を贈呈し、布教許可を受けた。贈物は時計・楽器・眼鏡・ポルトガルの酒・織物・絵画などであった。

山口での布教は五ヶ月に及び、仏僧との論戦も展開された。天文・自然の摂理の分野では、ザビエルたちに一日の長があっただろう。なにより質素で敬虔な態度は人々の心に届いたようだ。山口で得た信者に、この後巧みな説教で活躍する琵琶法師のロレンソ了斎がいる。

ザビエルは「神」の訳語として最初「大日（如来）」をあてていたが、誤訳に気付きラテン語の「デウス」を使うようにした。これに対して仏僧側は「ダイウソ」つまり大きなウソだと誹謗した。宣教師と仏僧の論戦はこの後も続く。

一五五一年九月、ザビエルは豊後（大分県）の大名大友義鎮に招かれ府内（大分市）へ向かった。ちょうど日出の港にポルトガル船が入港していたときである。突然山口のトルレスから、反乱が起こって大内義隆が自害したという報せが届いた。西の京と呼ばれた山口の繁栄もしぼんでいく。

平戸ザビエル記念教会

ザビエルは、今後の布教を進めていくためには、日本に大きな影響を与えた中国への布教が効果的と考えたようで、日出からポルトガル船でいったんインドに戻り、管区長としての仕事を処理するとともに中国行きの準備に入る。二年余りの日本滞在であった。

ザビエルのその後

ザビエルがローマのイエズス会やロヨラ総長、またゴアに送った手紙は多く残っていて、日本（人）をどう見ていたかも記されている。彼自身が日本布教を企画・実践したわけだから、多少は割り引かなければならないだろうが、かなりほめている。「日本人ほど盗みを嫌う者に会った覚えはありません」「大半が感情に打ち勝つだけの理性を備えている」「生まれながらにして好奇心が旺盛で、どこの国の人びとも同様に何でも知りたがります」（『ザビエルの見た日本』講談社）とあり、倫理観、理性、知識欲、なにかこそばゆい感じがするけれども、現代にあてはまるわけではない。

さて、中国布教に出発したザビエルは、マカオの南に位置する上川（サンシアン）島まで来たとき病に倒れ、一五五二年十二月三日大陸の土を踏むことなく、四十六歳にて死去した。納棺・埋葬して二ヶ月半たち、遺体を持って帰れるか棺を開けたところ、腐ることなく生きているようであったという。ザビエルの遺体はゴアへ移され、現在ではボン・ジェズ教会に安置されている。十年に一度の公開・顕示の際には多くの人々が集う。

気になる人物が一人いる。鹿児島の信徒を任されたアンジロウはどうなったのか。イエズス会関係者の記録では、海商（海賊）に立ち戻って中国へ渡り、そこで殺されたというが、確実な史料はない。ザビエルが「正直で徳の高い者」「信心深くて頼りがいがあります」（前掲書）と手紙に書いた人物で

キリシタン墓がある千提寺のクルス山

あった。

最後に、あの有名な「聖フランシスコ・ザビエル像」は一九二〇年九月、現在の大阪府茨木市の千提寺という集落で発見された。山間の静かなキリシタンの里である。発見された状況だが、東家の母屋屋根裏の梁にくくりつけられた「開けずの櫃」の中にあった。

この地域は、キリシタン大名として著名な高山右近の領地だったところで、右近は修道士のロレンソ了斎から洗礼を受けた（洗礼名ジュスト）。彼の事績はローマ教皇庁に認められ、二〇一七年福者に列せられた。

この絵像では、ザビエルが聖人として描かれているわけだから、一六二二年の列聖以降の作品であろう。幕府による取り締まりが非常に厳しくなっていたとき、イエズス会の画工舎で学んだ日本人絵師が描いたものと推測されている。ザビエル列聖の情報は長崎にもたらされただろうから、描かれた場所は不明としても、長崎～畿内（茨木）間に秘密のキリシタンルートが存在していたことになる。

キリシタン大名の誕生

ザビエル後の日本布教は、トルレスが担うことになった。彼はザビエルの信奉者であり、日本（人）に適応した布教など忠実にその路線を引き継いだ。布教はポルトガル貿易と密着して進められ、生糸取引の利益の一部が日本での運営を支えるという仕組みである。その生糸は大半中国産であるから、日中間の中継貿易をポルトガル船が行っていたことになる。そして当時世界有数の銀産出国であった白銀(しろがね)の国・日本から大量の銀が積み出された。貿易相手国は変わっても、江戸前期までこの構造は変わらない。

時は戦国時代末期、戦は大規模になり、苦しみあえぐ人々は多かった。キリスト教を求め、すがる事由は各階層まちまちである。大名・領主層には、ポルトガル船の入港によって貿易の利得があり、また戦国の乱世を生き抜く強烈な武器である火縄銃・大砲・硝石（火薬の原料）などの入手が容易になる。貧困・病気に苦しむ庶民層に対しては、それを救う具体的な手立てを講じなければならなかった。具体的には後ほど触れる。少数ではあるけれども、仏僧・医師といった知識人層も改宗している。教義を理解したうえでのことだから、彼らは周囲を宣教する立場になった。

トルレス布教長を支える体制は、ザビエルとともに来日した修道士のフェルナンデスに加えて、司祭（神父）としてガーゴ、ヴィレラ、フィゲイレド、そしてルイス・フロイスなどがいた。もう一人、貿易商として来日し、修道士になって活躍したルイス・デ・アルメイダもいる。

横瀬浦　入口に浮かぶ八の子島には
十字架が立っていたという（復元）

フロイス、フィゲイレド、アルメイダについては後述するとして、ガーゴが平戸にいたとき（一五五五年ころ）、生月島（いきつき）・度島（たくしま）などの領主であった籠手田安経（こてだやすつね）が入信した（洗礼名アントニオ）。彼は松浦氏一族で、身分の高い武士の入信はこれが最初という。ヴィレラは平戸で布教活動中、仏教勢力の圧力で松浦隆信から追放され、その後ロレンソ了斎とともに京都で布教した。

一五六一年、平戸は五隻の貿易船で賑わっていた。このとき取引のもつれからポルトガル船のカピタン・モール（船長にして司令官）以下十四人が殺害されるという宮の前事件が起こった。この宮は松浦氏が崇敬する七郎神（宋・明時代の寧波（ニンポー）地域の招宝航海神）を祀っていた。

府内の本部にいたトルレスは、ポルトガル船の入港地として平戸以外を指示し、翌年西彼杵（にしそのぎ）半島先端近くの横瀬浦が開かれた。松浦氏に敵対する大村氏の領地で、大村純忠（すみただ）は、ここでトルレスから洗礼を受け、バルトロメオと称した。日本初のキリシタン大名の誕生である。

南蛮外科医ルイス・デ・アルメイダ

アルメイダは不思議な人物である。ポルトガルで医学を学び、一五四六年三月には王国内・王領どこでも外科医を開業できる免許を得た。だが医者にはならず、一攫千金を夢見てゴアへ、さらにマカオへ旅立ち、若くして巨富を積み上げた。とくに中国で仕入れた生糸を日本に売り込み、銀を持ち帰って再投資する、この繰り返しだったらしい。

一五五五年、平戸から府内へ行った彼は、そこで悲惨な赤子殺しを見聞きし、私財でもって育児院を創設・運営した。翌年トルレスから入会を許され、一五五七年には内科・外科・ハンセン病棟を有する総合病院まで建設した。皮膚病や癌の手術に、外科医としての腕前が発揮されたという。そこでは医学教育も実施され、後継者が育っていった。現在も「アルメイダ」を記念した大分市医師会立アルメイダ病院が地域の医療を担っている。

彼の全財産は友人の貿易商たちに貸し付けられ、その利息が種々運営費に充てられた。現代の貨幣価値に換算したら、おそらく億を超えていただろう。

修道士であり医師でもあるアルメイダは、トルレス布教長に指示されて九州各地を駆けめぐることになる。彼の書翰から一五六二年以降の主な行き先を追ってみると、横瀬浦、平戸、島原、口ノ津、大村、豊後府内・臼杵（うすき）・日田、五島、筑前秋月、博多などの地名が記されている。

春徳寺山門下のアルメイダ長崎布教記念碑

アルメイダは大村領横瀬浦の開港にもからんでいた。一五六二年トルレスの先遣として府内から大村に到り、純忠側と開港条件の詰めを行った。これをトルレスが認めて開港場の造成が始まり、教会が建てられた。これで一躍貿易港として繁栄するかにみえた横瀬浦だったが、翌年大村氏の内紛ですべてが焼失してしまった。一五六四年のポルトガル船は平戸に向かい、松浦隆信は歓迎したものの、トルレスは大村領にこだわったようだ。その翌年のポルトガル船は長崎港外の福田浦に入港したため、これを松浦氏の水軍が急襲したが、失敗に終わった。

アルメイダによる最初の長崎布教は一五六七年である。二年後、領主長崎甚左衛門の館近くに、長崎で最初の教会が建てられた。この教会はヴィレラによって、トードス・オス・サントス（諸聖人）にささげられた。背後の山は唐渡山ともいう。現在教会跡には春徳寺がある。お寺が教会に改築され、跡地がまたお寺になった例である。アルメイダの布教記念碑は、春徳寺山門の坂下にある。

一五八〇年アルメイダはマカオに渡って司祭に叙階され、三年後天草で死去した。

長崎にポルトガル船入港

初めは地理の話から。長崎とは海に突き出た長い崎のこと、一般的な地名だから鹿児島県、静岡県、岩手県など全国各地に存在する。

まず、序章中扉の絵図を見ていただきたい。本書でいう長崎の場合、イエズス会本部（旧県庁舎）が「崎」の先端に位置し、そこからサン・フランシスコ教会あたり（現・長崎市役所）にかけての高み部分がそれにあたる。

江戸時代から周りの埋め立てが進んでいて、想像するのも難しい。旧県庁舎としたのは二〇一八年正月、新庁舎に移転したためである。

その長崎が突き出た深い入江は水深もあり、天然の良港である。この入江（港）を深江浦・長崎浦とする史料はあっても、あまり使われない。瓊浦（けいほ）、あるいは鶴の港という美称がもっぱら表に出ていた。これからのキリスト教史によく登場する「浦上」（村）、「大浦」（天主堂）の地名は、深江浦の上手にあるから浦上、大きな支湾ということで大浦の地名が生まれた。

ところで、長崎港の潮の満ち干は時計回りで、満ち潮はそれなりに強く、海底を削りながら湾奥に到る。近世・近代の埋め立てによって面影もないが、川口・浜口の地名（町名）はかつて海に面していたことを示す。満ち潮の沿岸部は、近世には浦上村淵といった。幕末に幕府直営の長崎製鉄所が建

「南蛮人来朝之図」（左隻）（長崎歴史文化博物館蔵）

設され、明治になって三菱造船所に引き継がれた。

引き潮の沿岸部に岬があると潮がぶつかって、土砂を残していく。「長崎」付近にも沿岸州が形成され、それを埋め立て成形したのが「出島」というわけである。なぜ扇形なのか。沿岸州だからもともと形状は曲線だったと思われるが、三代将軍家光が扇子を広げてこういうのを造れと言った、は俗説。出島については後ほど触れる。

さて、福田浦は外海に近く貿易港には不向きなため、数百トンもの大型ポルトガル船（ナウ船）の入港に適った入江を大村領内で探し、見つけたのが深江浦（長崎浦）というわけだ。

横道ついでに、諏訪神社の秋の大祭・長崎くんちの出し物は龍踊り・龍船・御朱印船・オランダ万歳など、貿易都市の歴史にちなんだものが多い。かつて輸出銅を製造する銅吹所があった銅座町の出し物は「南蛮船」（ナウ船）である。故結城了悟神父（スペインから帰化、初代日本二十六聖人記念館長）が自分もナウ船の装飾・デザインに意見を述べたと言っておられた。長崎くんちの踊町は七年に一度まわってくる。若者たちは一・二年前から走り込んで体をつくり、出し物に挑む。

さて、長崎の開港は、一五七〇年大村純忠とトルレスとの間で取り決められた。トルレスの指示を受けたフィゲイレドが実務を担当し、ポルトガル船航海士とともに大村領の浦々を調査した結果、水深があって風浪を避けるのに適した長崎浦が選ばれたわけである。

翌年ナウとジャンクの二隻が入港し、新たな町建ても始まった。「長崎」の先端部は森になっていて、そこに続く土地は草原あるいは麦畑になっていたようだ。古記録によると、大村純忠の家臣朝長(ともなが)対馬の指揮によって六町すなわち、島原町・大村町・平戸町・横瀬浦町・外浦(ほかうら)町・分知(ぶんち)町が建てられた。島原町だけは、有馬氏が直接関与したともいう。フィゲイレドも岬の一角に小さな教会を建てた。町名でわかるように、長崎県域各地から集まってつくられた町である（分知町は不明）。彼らはキリシタンであり、また貿易商も多かった。「長崎」の台地上に突然人工の町が出現したのである。台地を横切る堀を造れば防御機能を持つ。

ポルトガル船の側からすれば、風浪に対してより安全な港を安定して使用できるというメリットがあり、イエズス会としても生糸貿易の利益で運営費を確保することができる。また、それぞれの土地から追われたキリシタンの受け入れ先にもなる。大村純忠にとっても貿易船入港の収益は大きい。

この新長崎ともいうべき六町は、長崎甚左衛門の館周辺に散在している集落（長崎村）とは一〜二キロ離れている。彼は純忠の娘婿で、ベルナルドの洗礼名を有していた。

長崎県新庁舎から見た長崎港　右手は三菱重工長崎造船所

貿易船の入港が続くと、堀の外にも町がつくられるようになった。まず、博多からの移住者によって博多町が成立し、同じく博多の豪商末次興善が中心となって興善町が成立した。彼は後に長崎代官となった末次平蔵の父である。続く土地に豊後からの移住者による豊後町ができ、堀は新たに掘削された。この他、金屋町・新町・今町・桜町が生まれている。

「長崎」西側の樺島町と五島町は、長崎半島南端の樺島と五島からの移住者が建てた町という。東側の崖下には下町、河口右岸を埋め立てて築町が成立し、その後も移住者による新しい町ができていった。長崎は、いわばよそ者がつくった町である。

町の特色を一つ。長崎町建て以来、ひんぱんに深堀氏や諫早西郷氏の攻撃を受けてきたから、大村氏・長崎氏とともに長崎住民も柵を設け、ポルトガル船から入手した武器を使って防衛した。当初からキリシタン有力者を中心に、自治の機能が存在したと考えられる。

巡察使ヴァリニャーノ来る

ザビエル来日から三十年、一五七九年に巡察使ヴァリニャーノが島原半島南端の口之津に着いた。アレッサンドロ・ヴァリニャーノはイタリアの名門の生まれ、その著書『日本巡察記』（平凡社）を読んでも、学識優れ、非常にキレる人物という印象を受ける。それでいて冷たい感じはしない。彼は三十四歳という異例の若さで、イエズス会総長から直接インド管区巡察使に任命された。日本をも含む広大なインド管区における総長代理という権限、しかもポルトガル人ではないため苦労も多かった。

まずは彼の日本人観をみてみよう。「人々はいずれも色白く、きわめて礼儀正しい」「国民は有能で、秀でた理解力を有し、子供達は我等の学問や規律をすべてよく学びとり」、ヨーロッパよりも優れているとほめる。また「日本人は、全世界でもっとも面目と名誉を重んずる国民であると思われる」ともいう。

でも、いいことばかりではない。当時の悪いところもきちんと指摘する。「第一の悪は色欲上の罪に耽ること」、「第二の悪い点は、その主君に対して、ほとんど忠誠心を欠いていること」とはっきり指摘する。さらに「軽々しく人間を殺すこと」といい、過度な飲酒によって「日本人の優秀な天性がはなはだしくそこなわれている」と忠告する（前掲書）。

とにかく日本は、ヨーロッパとは反対のことが多いので、イエズス会側から日本の風習に順応して

口之津港　ここでセミナリオ等の設立が検討された
（長崎県南島原市提供）

いかねばならないと説く。なにかザビエルの再来をみているようだ。

ところが、トルレスの後を引き継いだカブラル布教長（ポルトガル人）はまったく逆のことをしてきたとヴァリニャーノはいう。彼は日本人を下等人間として取り扱い、日本の習慣に無理解で、適応しようとしない、日本語も学ぼうとしない。また、日本人を教育せず、司祭への道を閉ざしてきた。

ヴァリニャーノの方針は違う。教育による日本人司祭の養成こそ肝要だとして、セミナリオ（中等学校）、コレジオ（高等教育機関）の設立を今後の布教計画に位置づけた。

カブラルにも言い分はあるだろうが、ここは悪役になってもらう。遠藤周作『沈黙』では、通辞がカブラルのことを「あのお方は格別我々を蔑まれておられた。〔中略〕そして私たちがセミナリオを出ても司祭となることを決して許されなんだ」と批判し、日本を理解しない宣教師として登場した。小説『沈黙』については後ほどまとめて述べたい。

長崎がイエズス会領に

一五七八年大友義鎮はカブラルから洗礼を受け、フランシスコと称した。彼は若い時のフランシスコ・ザビエルとの出会いを忘れていなかった。なお宗麟（そうりん）と表記されることが多いが、これは禅宗に帰依したときの法号である。

巡察使ヴァリニャーノ来日前後の九州の戦国情勢をみると、北九州随一の大大名だった大友氏が日向の耳川合戦（現・宮崎県木城（きじょう）町）で島津軍に大敗し、代わって龍造寺隆信が急激に台頭して大村純忠・有馬晴信ら周囲の大名を圧迫した。ヴァリニャーノは晴信に武器・弾薬や食糧を供給するとともに、洗礼を授けた（プロタジオ）。また、島津氏の勢力は肥後に及んで龍造寺方と直接対決するようになった。

一方、大村純忠も同様に隆信の圧力に苦しみ、臣従を誓う起請文を龍造寺方に提出している。「天道之伽羅佐（ガラサ）〔神の恩寵〕を離れ」という文言はキリシタン大名らしい。純忠は考えた。このままでは長崎が奪われてしまう。いっそ長崎をイエズス会に譲渡すれば、隆信は手を出さず、貿易の利益も一定確保できるのではないか。一五八〇年作成の寄進状（ローマの総長に送ったスペイン語訳）には、およそ次のようなことが記されている。

・長崎の町を周囲の田畑とともに永久に無償で、イエズス会および巡察使に贈与する
・支配地の裁判権および、ポルトガル船の停泊料も授与する

・ただし、ポルトガル船およびその他の船の取引税は留保し、家臣に取り立てさせる
・茂木の土地・田畑を贈与する
・以上を永久に有効なものとする証しとして、息子の喜前（ドン・サンチョ）とともに署名する

茂木は長崎と有馬氏の領地を結ぶ港で、当時有馬領だった。署名の前部分の「ドン」は身分の高い人への敬称である。

ヴァリニャーノは熟慮のうえ、これを受けることにした。支配地からの税収、停泊料収入もさることながら、信徒・宣教師の避難先として必要との判断であった。

この後彼は布教のための基本方針を実施に移していく。当時（一五八一年ころ）の日本は教会が約二百、信徒がおよそ十五万人、これを下（豊後以外の九州、有馬・大村・平戸・天草など）、豊後（大友義鎮の領国）、都（畿内）の三つに分け、それぞれ教区長を置いて日本準管区を構成する。ヴァリニャーノは各教区に指示し、下教区の有馬にセミナリオ、そして都の安土にもセミナリオが建てられた。コレジオは豊後の府内に設立された。

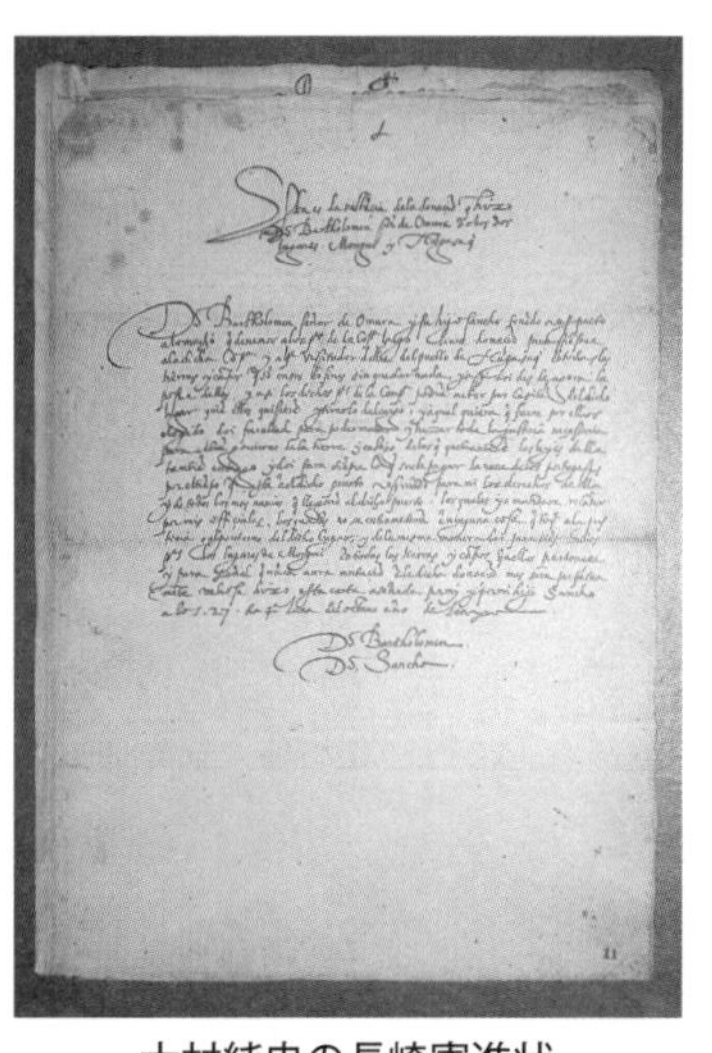

大村純忠の長崎寄進状
（イエズス会文書館蔵、長崎県提供）

天正遣欧使節

天正遣欧使節四人の少年は有馬のセミナリオで学んでいた。ヴァリニャーノがローマ法王のもとへ使節を送ろうと思い立ったとき、安土は遠く、有馬で学んでいた少年たちが選抜の対象とされた。派遣のことを直接相談したのは大村純忠だったらしい。

使節派遣の目的は、第一にローマ教皇はじめヨーロッパの人々に日本人を見てもらい、優秀な民族であること、イエズス会の布教が成功しつつあることを訴えるためであった。当然資金援助も期待していた。第二に使節がヨーロッパの優れた文化・芸術に触れ、それを日本に持ち帰って伝えてもらうためである。そのためには、無事生きて帰る確率が高い少年ということになる。

キリシタン大名大友義鎮の名代として伊東マンショ、有馬晴信の従兄弟で大村純忠の甥千々石（ちぢわ）ミゲル、この二人を正使として、大村領の領主層出身の原マルチノと中浦ジュリアンも選ばれた。歳は十二から十四くらい。マンショは義鎮の姪の夫の妹の子伊東祐益（すけます）である。本当は義鎮の姪の子伊東ジェロニモ祐勝（すけかつ）が正使にふさわしかったが、安土にいて出航に間に合わない。それでもマンショは豊後王の名代として立派に正使の役割を果たした。

少年らはどんな教育を受けたのだろうか、ヴァリニャーノ『日本巡察記』により彼らの日課を紹介しよう。夏は朝四時半起床、祈り、六時から七時半自習、七時半から九時までラテン語教師のもとへ、九時から十一時まで食事・休養、十一時から二時まで日本語の勉強（作文・習字）、二時から三時は音楽の時間（唱歌・楽器演奏）、三時から四時半ラテン語、五時から七時まで夕食・休養、七時から八時ラテン語、八時一日の反省・祈り、就寝。ラテン語・日本語・音楽が中心のカリキュラムで、食事は朝と夕二回、土日は別途規定されていた。

さて、一五八二年二月二十日、四人はヴァリニャーノとともに長崎を発って、マカオへ向かった。この他にラテン語教師としてメスキータ修道士、印刷技術を学ぶ目的のドラード少年（諫早出身）らもいて一行は九人である。ミゲルとジュリアンの母は夫を亡くし、とりわけ別れが辛かったようだ。

この後ローマへの旅は、主としてメスキータの記録である。長崎港を出て数日後、風が急にひどくなり、帆がみんな下ろされた。「うねりが大きく、船腹に当たる波濤は非常に強く」、「少年たちは死んだように床に横たわり吐いたりして何も口にせず」という状況に陥った（メスキータの記録は結城了悟『新史料天正少年使節』南窓社による）。

ようやく天気が回復し、出航後十七日目でマカオに着く。マカオではイエズス会の家に滞在し、風待ちのため九ヶ月を過ごした。この家には神父・修道士が二十二名いて、メスキータ修

「伊東マンショ肖像画」
（長崎歴史文化博物館蔵）

シントラ王宮（白鳥の間）
使節はここでもてなされたとされている

道士はこの期間に司祭に叙階された。

一五八二年の大晦日に出発し、マラッカを経てゴアへ向かう。またも嵐に遭遇し、積み荷の一部を海中に棄てなければならなかった。また、マラッカ海峡では岩場に乗り上げたが、なんとか離礁してマラッカに着いた。

ここからインド洋へ出る。酷暑が続いて病気になる者が多く、マンショも高熱と下痢に倒れた。大凪のため船は進まず、灼熱下で飲料水が不足し、船長は「毎日自ら一人ひとりにその日の量、すなわちコップ一杯を与えていた」。他にも辛苦にみまわれたが、十一月にはゴアに到着した。

ゴアで出船の準備に入ったとき、イエズス会アクアヴィーヴァ総長からヴァリニャーノに対してインド管区長として留まるよう書状が届いた。二人は親友の間柄、総長はインド管区の立て直しを依頼してきたわけだが、自ら少年使節をバチカンに引率するつもりだったから、さぞ無念だったに違いない。なお、ゴアでユリウス暦からグレゴリオ暦に変わる。

一五八四年二月二十日、インド南部のコチンを出港して、五月十日無事に喜望峰（嵐の岬）を通過した。北上してセント・ヘレナ島に着くと、そこで飲み水・食糧（野菜・果物・釣った魚など）を積み込み、リスボンへ向かう。

大変興味深いローマへの旅程だが、紙幅の都合もあり読者諸氏には若桑みどり『クアトロ・ラガッツィ』（集英社）など関連図書をお読みいただきたい。

念願の教皇謁見は一五八五年三月二十三日。東方からの少年使節を謁見し、グレゴリウス十三世は感激の涙を流した。プロテスタント勢力の台頭で志気が上がらなかったローマ教会にとって、極東日本からの使節謁見は願ってもないイベントである。イエズス会も最大限これを活用し、教皇から多額の年金も約束された。

「メスキータ神父肖像画」
（長崎歴史文化博物館蔵）

謁見に際して、ヴァリニャーノが信長から預かった「安土城下町屏風」が献呈され、地図の間に飾られた。現在屏風の行方はわかっていない。十五年ほど前滋賀県安土町（現・近江八幡市）が屏風の調査をしたとき、グレゴリウス十三世出自のボンコンパーニ家から、二点の肖像画が発見された（写真参照）。申し分のない出所である。長崎県はローマに学芸員を派遣し、ボンコンパーニ家からこの二点を購入した。

肖像画購入余話

もう少し肖像画購入の経緯を報告したい。安土町による伊東マンショ・メスキータ神父肖像画発見は、二〇〇五年十一月末の朝日新聞に大きく掲載された。

当時長崎歴史文化博物館は開館したばかりで、企画展を種々検討しており、肖像画について安土町にお尋ねしたところ親切にボンコンパーニ家ご当主との連絡方法などを教えてくださった。また担当の小西邦彦氏には肖像画借用の打診までしてもらった。

早速長崎県の海江田（かいえだ）義広（よしひろ）学芸員がローマへ飛んだ。帰ってきた海江田学芸員によれば、スペイン広場に面した豪邸でご当主にお会いしたという。さすがはグレゴリオ暦採用で有名なグレゴリウス十三世出自のボンコンパーニ家、正確にはルドビジ家と合体して、現在はボンコンパーニ・ルドビジ家であるが、ご当主は大変好意的で、借用はＯＫ、購入も可能と海江田学芸員は判断したようだ。ただ半端な金額ではない。

二〇〇六年秋の開館一周年特別企画展は、天正遣欧使節を主要テーマとすることで準備が進められ、購入の方向で借用することになった。

ところで、購入するためには、グレゴリウス十三世謁見の前後に描かれたもの、教皇に近い画家が描いたものであることの調査が欠かせない。長崎県では資料収集・価格評価委員会を設置して専門家

長崎歴史文化博物館常設展示　手前に「伊東マンショ肖像画」（右）と「メスキータ司祭肖像画」（左）、壁面に「伊東マンショ肖像画」（レプリカ）

数名に実見してもらい、評価してもらった。

その一人結城了悟神父は、マンショの頭髪はセミナリオ時代と同じ短髪、着物・裃（かみしも）を着して教皇謁見に臨んだが、貴人に肌を見せるのは無礼として下に襟付きのシャツを着ていた、と言われた。肖像画は古記録と整合しているという。また、メスキータの帽子はイタリアのイエズス会の帽子ということだった。若桑みどり川村学園女子大学教授（当時）は、教皇庁出入りの画家が描いたものだろう、そして「画家が誰か目途が付きかけているけれど、それは後日に」と言われた。残念ながら翌年亡くなられたので、画家の名前はわかっていない。その他の専門の先生方からも収集すべき資料、価格も妥当との答申を得た。価格は三十万ユーロ（約四千五百万円＝当時）である。

肖像画の借用・購入に大活躍した海江田学芸員は二〇一五年夏ミラノで急死した。出張用務は、奇しくもティントレット父子が描いた「伊東マンショ肖像画」（油絵）借用と、レプリカ作成の交渉であった。

使節帰国と秀吉の禁教令

これまで天正遣欧使節として書籍に掲載されてきた少年たちは洋服を着ている。これはグレゴリウス十三世が使節のために作らせた服装で、ベネチア深紅のラシャ上着など、帽子から靴まで二セット提供された。教皇は謁見後二十日ほどで亡くなったから、二点の肖像画は下絵のままボンコンパーニ家に伝えられた可能性が強い。

一五八六年四月、一行はリスボンを発って、翌年五月にゴアに着いた。ローマからの報告で、使節派遣の大成功を知っていたヴァリニャーノは、少年いや、青年に成長した四人と再会して何を思っただろうか。

四人を代表してラテン語が得意な原マルチノが、ヴァリニャーノに謝辞を述べた。原稿に添削は入っただろうが、それにしてもヨーロッパ的素養あふれるレトリックには驚かされる。アリストテレス、ソロモン王、シバの女王等が登場し、最後はアレッサンドロ・ヴァリニャーノをアレキサンダー大王に擬して、一緒に早く日本へ出かけましょう、と締めくくっている。この演述は、ヨーロッパから運ばれてきた印刷機を使って、技術を身につけた日本人ドラードが印刷した（『デ・サンデ天正遣欧使節記』雄松堂書店）。

一五八八年四月にゴアを発って、同年八月マカオに入港したが、そこで大友義鎮と大村純忠が死去したこと、秀吉が博多で伴天連（ばてれん）追放令を発したという情報に接した。バテレンはポルトガル語パードレ（司祭）のことである。

一五九〇年七月二十一日、ようやく一行は長崎港に戻って来た。旅は実に八年五ヶ月に及ぶ。

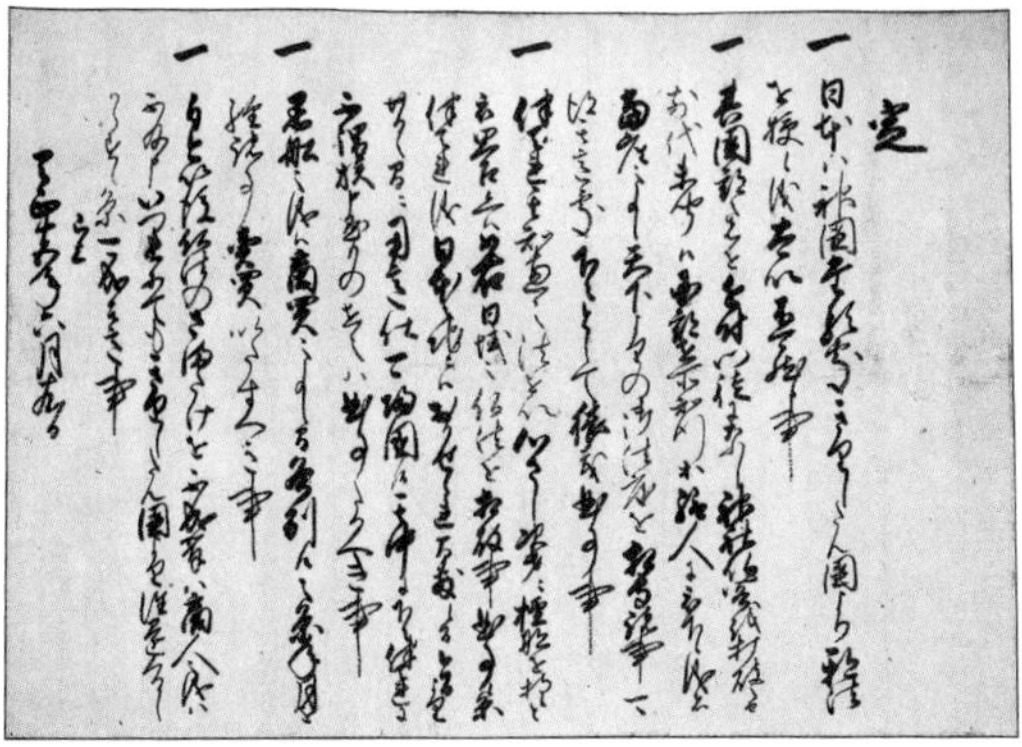

定書・伴天連追放令（松浦史料博物館蔵）

使節が日本を離れていたときの国内情勢を簡単にまとめておく。一行が長崎を出港した後、信長が家臣の明智光秀に討たれ（本能寺の変）、その光秀も山崎の合戦で羽柴秀吉に討たれた。九州では、龍造寺と島津の二大勢力が一五八四年島原で激突し、龍造寺隆信は首を打たれた（沖田畷（おきたなわて）の戦い）。この戦いでは、ポルトガル船から有馬晴信に提供された大砲が威力を発揮したという。

島津氏の圧力に苦しむ大友義鎮らは、信長の後継者となった秀吉に助けを求めた。一五八七年秀吉は十数万の大軍でもって九州に下り、島津義久を降伏させた。その際、博多の本営で突然伴天連追放令が出されたわけだが、理由については、キリシタンによる神社・寺院の破壊を知った、ナウ船の博多回航を断られたから、などといわれている。信長と違って秀吉は朝廷・仏教勢力と密接だったし、すでに朝鮮出兵を考えていた。

二十六聖人殉教

伴天連追放令が出されて、すぐに全面禁教となったわけではない。イエズス会のコエリヨ準管区長に対して、宣教師は二十日以内に平戸から帰国するよう命ぜられたが徹底せず、貿易はこれまでどおり続けてよかった。どうもコエリヨ（ポルトガル人）が大砲を装備したフスタ船（小型貿易船）で博多に行くなどして、秀吉を警戒させたようだ。

キリスト教界にとって衝撃だったのは、キリシタン大名の中心ともいうべき高山右近が棄教を迫られ、明石六万石を改易されたことである。秀吉は、キリスト教を理解した人徳ある右近を不気味に思ったに違いない。右近は小西行長にかくまわれ、ついで金沢の前田利家の客将となった。

追放令を受けてイエズス会は布教活動を自粛せざるをえなかった。一方、コエリヨは長崎に大砲・武器弾薬を集積し、キリシタン大名たちへ秀吉への反抗を呼びかけたらしい。ヴァリニャーノは長崎に到着後これを知り、急ぎ武器類を処分した。なお、かつてヴァリニャーノが熟慮してイエズス会領とした長崎だったが、すでに秀吉の直轄領になっていた。

そのころフィリピンのマニラではスペイン系のフランシスコ会士が、イエズス会に対抗意識を燃やしていた。一五九三年にはペトロ・バプチスタがフィリピン総督の使節となって平戸に渡航し、肥前名護屋（なごや）城で秀吉に会って京都滞在許可を得た。この後彼は、京都に教会・病院を建て積極的な布教活

日本二十六聖人記念碑（左）と記念教会（右）

動を行う。これまでの日本布教はイエズス会が担っており、それはグレゴリウス十三世によって承認されていたが、フランシスコ会の布教は公然と進められ、成果を上げていった。会士の清貧な形（なり）は、裸足にサンダル履き、茶・グレー系の粗末な毛織物をまとい、帯なわである。

こうしたとき、一五九六年フィリピンからメキシコに向かっていたサン・フェリペ号（スペインのガレオン船）が土佐浦戸で難破し、積荷を没収されるという事件が起こった。これに怒った航海士が世界地図でスペインの強大さを誇示したこと、その背景にはキリスト教布教が関係していることを、奉行増田（ました）長盛が秀吉に報告したといわれる。

早速京都のバブチスタらフランシスコ会士六人と信者が捕らえられ、それに大坂で捕らえられたパウロ三木などイエズス会関係者も加えて、計二十四人が京都・大坂・堺を引き回された後、処刑地の長崎へ向かった。左耳たぶを削がれて血膿がこびりつき、裸足で歩かせられる悲惨な道中であった。

当初の二十四人が二十六人になった。フランシスコ会、イエズス会の信者で、それぞれ世話をする二人が捕らえられ、加わったためである。

禁教の見せしめだから船を使わず、陸路でおよそ一月(ひとつき)、一五九七年二月五日に長崎に着き、そのまま西坂の丘で処刑された。和年号では慶長元年十二月十九日である。

二十六人の代表的存在はフランシスコ会のバプチスタ司祭であろうか。他に同会士が五人いた。イエズス会修道士のパウロ三木は安土セミナリオの一期生、最後まで説教を続けた。最年少は十二歳のルドビコ茨木、処刑実行責任者の寺沢半三郎（長崎奉行寺沢広高の弟）が、キリシタンを辞めれば命を助けてやろうと語りかけたが、きっぱり断ったという。

毎年二月の西坂のミサでは「ルドビコさま」（作詞・永井隆、作曲・石川和子）が子どもたちによって歌われている。

　ルドビコさまは　十二才
　耳をそがれて　しばられて
　歩む千キロ　雪の道
　ちいさい足あと　血がにじむ

永井隆は『長崎の鐘』『この子を残して』の著者だ。

文学作品では吉村昭『磔(はりつけ)』（文春文庫）を紹介しよう。

ルドビコ茨木は、

「パライソ、パライソ、イエズス、マリア」と、澄みきった声で叫びつづけていたが、その小さ

日本二十六聖人記念碑
右から2人目ルドビコ茨木、左から2人目バプチスタ

な胸に刺された槍の尖端は、肩をつらぬいてその頬を刺した。

　パウロ三木の体からも血がふき出し、最後にペトロ・バプチスタの胸にも深々と槍の穂先がくい入った。

　処刑は終了した。


そぎ落とした簡潔な表現が、よけいに処刑のむごたらしさを感じさせる。

　この作品は吉村昭最初の歴史小説である。初出は一九六九年、その三年前『戦艦武蔵』が世に出たが、そのために何十回となく三菱長崎造船所に通って調査したという。この後、『ふぉん・しいほるとの娘』など長崎を舞台とした歴史小説が多く誕生していったのは周知のとおりである。史実にこだわった吉村昭は、県立長崎図書館史料課（郷土課）を訪れることが多々あった。

　ところで、「日本二十六聖人」は一八六二年六月八日、日本で最初の殉教者として、教皇ピオ九世によって列聖された後の表記であるが、慣例的に「二十六聖人」を使ってきた。

殉教から関ヶ原まで

西坂公園に、一九九三年ポルトガルのソアレス大統領によって序幕されたルイス・フロイスの記念碑がある。二十六聖人殉教地は、フロイスの「殉教記録」によって特定され、彫刻家舟越保武氏の傑作である殉教記念碑の聖人像二十六体の順序もフロイスの記録による。当時長崎にいたイエズス会士が記録したのであるから、第一級の史料であることは間違いないが、そのまますべては使えない。

フロイスの記述は、歴史学から離れているところが多く、自分の庭に神を招いて自己流に解釈している。科学的合理的な精神を持つヴァリニャーノは、フロイスの著述を整理・修正することが多かったようだ。

三十四年間日本にいて、長崎で死去したフロイスの膨大な「日本史」その他の著述を、史料として活用してきた結城了悟神父・松田毅一氏などの先学研究者の恩恵を我々は受けている。

話は生々しい政治の世界へ。

秀吉の死去を多くの人が密かに待っていたかもしれない。一五九八年四月二十日、最後の一大イベントとなった醍醐（だいご）の花見が行われ、それから五ヶ月後に太閤秀吉は死去した。

早速第二次朝鮮侵攻（慶長の役）で戦地にいた派遣軍に帰国の命令が出された。堅固な城を築いて籠もり、優勢な朝鮮水軍を前に撤退のルートを確保していたかにみえる。小西行長・立花宗茂（むねしげ）・宗義（そうよし）

ルイス・フロイス記念碑（左）と結城了悟記念碑（右）（西坂公園）

智・島津義弘らの西目衆は、加藤清正・浅野幸長・黒田長政・鍋島直茂ら東目衆の後の撤退を申し合わせていた。なにか関ヶ原の西軍、東軍をみているようだ。

なかでも一番得をしたのは徳川家康だったろう。秀吉が幼子秀頼のことを託した五大老のうち家康と前田利家が格上だが、その利家は病体で体調すぐれず、翌年死去した。この後は家康を中心に政治がまわり、関ヶ原の戦いで石田三成・小西行長らの西軍に勝利して決着をつけた。

戦いを前に、東軍についた細川忠興の妻ガラシャは、人質にされるのを拒んで自害した（介錯を受ける）。彼女は明智光秀の娘で、洗礼名「ガラシャ」は恩寵を意味する。対馬の宗義智の妻マリアは小西行長の娘、関ヶ原の戦後に行長が斬首されると、義智はマリアを離縁し長崎に送った。対馬ではマリアを憐れみ、彼女の死後に神として祀った。厳原八幡宮境内の今宮神社がそれである。

なお、最後の日本人司祭として殉教した小西マンショはマリアの子という説があって、そうだとすれば義智の子でもある。

「日本にては長崎が良摩なり」

関ヶ原の戦いで勝利した家康は、徳川政権の基盤を固めるまですべてに慎重だった。キリスト教に関しても、基本的には「日本は神国」という秀吉と同じ立場でありながら、布教活動を黙認していた。

ポルトガル船の来港が長崎にほぼ限られていたのに対し、関東にフィリピンのマニラからスペイン船を誘致しようと、スペイン系のフランシスコ会に期待したが、うまくいかない。結局、日本側が最もほしい中国産生糸をもたらすポルトガル船、その取引に深く関わっているイエズス会との関係はこれまでと変わらず、家康との交渉・説明には、日本語が堪能なジョアン・ロドリゲス神父があたった。

豊臣から徳川への政権交代の時期に、折しもヴァリニャーノが日本巡察使として三度来日し、同時にルイス・セルケイラ司教も長崎に着いた。セルケイラはイエズス会士ではあるが、ローマカトリック教会日本司教区の司教としての着任である。

二百数十年続いた潜伏キリシタンの時代、その奇跡の信仰には、いろいろな条件・要素が関わっていたが、あえて個人名をあげるとヴァリニャーノとセルケイラの影響は、非常に大きかったのではないか。ヴァリニャーノについては、すでにセミナリオとコレジオの設置、日本人司祭の養成計画、天正遣欧使節派遣などの業績を紹介してきた。なにより日本におけるキリスト教の布教と教義理解を体

「泰西王侯図屏風」（右隻）（長崎歴史文化博物館蔵）

系化した人物であると思う。

節見出しの「日本にては長崎が良摩なり」は「伴天連記」という排耶書（キリスト教排斥の書）の一節で、徳川の世になって十年余り、日本で最もキリシタン文化が栄えた長崎を表現したものである。小ローマ・長崎の様子を具体的にみてみよう。

セミナリオが島原半島の有家から長崎に移転し、一六〇一年にはまた島原の有馬に戻った。これまでセミナリオとともに移転していた画工舎は長崎に留まり、信徒のための聖母マリア像など聖画や、大名層が望むヨーロッパの帝王図などが制作された。天正遣欧使節が持ち帰った原画が、模写されたかもしれない。工房では一五八三年に来日したジョバンニ・ニコラオというイタリア人画家（修道士）が指導にあたっていた。

ミゼリコルディア（慈悲の組）本部（現・長崎地方法務局）では、信徒の信心会が老人・孤児はじめ弱者の世話を行っていた。近くにはサンチャゴ病院（メスキータ院長）があり、またハンセン病患者のための病院もあった。

キリシタン（イエズス会）版

印刷事業はコレジオとともにあった。はじめ島原半島の加津佐に印刷機が置かれ、一五九一年『サントスの御作業のうち抜書』（ローマ字）が刊行された。日本最初の活版印刷物である。続いてコレジオは天草に移り、『平家物語』・『伊曾保物語』（ともにローマ字）などが刊行された。ローマ字表記は、当時の日本語がどう発音されていたかを知る有力な証拠になる。二十六聖人殉教後コレジオも長崎に移って、一五九八年から印刷所が稼働を始めた。

外国人宣教師が信徒の告白を聴き、説教を行うためには、方言も含めた会話語や、きちんとした上品な日本語が必要である。イエズス会はそのための日本語研究を徹底して行った。『平家物語』・『伊曾保物語』の刊行も日本の言葉に慣れる意味があったようだ。

その集大成が一六〇三〜四年に刊行された『日葡辞書』である。収録語数約三万二千、ジョアン・ロドリゲスや原マルチノらが総力をあげて完成させたものであろう。そこには当時の長崎方言も入っている。

一般信徒に直接関係する問答形式教理入門書『ドチリナ・キリシタン』は何度も刊行された。それも日本人のための国字本とともに、外国人宣教師にはローマ字本が用意された。一六〇〇年の国字本は、長崎の町年寄である後藤宗印がイエズス会の委託を受けて刊行したものである。同じく『おらしょ

長崎市外海地区黒崎に伝わる「おらしょ」の写本（傍点は筆者）

の翻訳』も彼の手になる。「おらしょ」は祈りのこと。

また、セルケイラが著し、一六〇三年に刊行したとされる『こんちりさんのりやく』は、潜伏の時代に写本のかたちで受け継がれた。コンチリサンとは「しんじつにふかきこうくわいの事」、すなわち「痛悔（つうかい）」のことで、完全な痛悔を行えば、司祭への告白を省略できるというものである。司祭がいなくなった潜伏の時代、この「ゆるし」の祈りが精神的支えになっていたことは容易に想像できる。なお、「りやく」には「略」と「利益」、両説がある。

小ローマ・長崎を眺めると、一六〇一年「長崎」先端部のイエズス会本部傍に、美しい被昇天（ひしょうてん）の聖母教会が建てられた。フランシスコ会に加えて同じくスペイン系のドミニコ会・アウグスチノ会も進出し、それぞれ教会を建てた。

奉行所は「長崎」の中央にあって、奉行は寺沢広高から家康側近の小笠原一庵（いちあん）、ついで長谷川藤広に代わった。天領「長崎」周辺にも新しい町が形成されていき、これも一六〇五年には大村領から天領に編入された。

ポルトガル船爆沈事件

一六〇五年ころ、大村純忠の息子・喜前が棄教して日蓮宗に改宗した。彼は加藤清正と親しくなり、熱烈な日蓮宗信者である清正の影響を受けたようだ。直接のきっかけは、大村領長崎村が天領に編入されたことにイエズス会が関与していたのではないかという疑念からともいう。

一六〇六年喜前は、父純忠時代の一斉改宗によって領民数万のキリシタン王国が形成されていた大村領から、イエズス会宣教師を追放した。三十七年間、大村で宣教にあたっていたルセナ神父は、喜前の姉マリーナにかくまわれていたが、その後幕府の禁教令によって長崎からマカオに追放された。

長崎県北部の平戸藩の状況にも触れておく。朝鮮出兵慶長の役から帰還した松浦鎮信は、領内のキリシタン取り締まりを強化し、父隆信の仏式葬儀に籠手田安一（洗礼名ジェロニモ）の参列を強制した。これを拒んだ安一は一族・配下六百名を率いて長崎に逃れ、後を二百名が追ったという。一五九九年のことで、鎮信は自己の権力確立のため、松浦一族の有力家臣籠手田氏の駆逐を図ったようだ。籠手田氏の知行地は生月島・度島・平戸島西部に広がっていた。鎮信の跡継ぎの久信は、大村純忠の娘メンシアを妻に迎え、五人の子とともに仲睦まじく暮らしていた。彼女の信仰はどうなったのか、後ほど述べたい。

さて、キリシタン大名として有馬晴信は健在である。徳川将軍の朱印状を得て東南アジア方面に送った朱印船七隻は、大名では島津忠恒の八隻に次ぐ。一六〇八年晴信の朱印船がチャンパ（ベト

有馬晴信木像（レプリカ）（長崎県南島原市提供）

ナム南部）からの帰りにマカオに寄港した際、取引のトラブルから家臣ら多数が殺傷され、遺恨が生じていた。

翌年事件に関与したカピタン・モールのアンドレ・ペッソアがノッサ・セニョーラ・ダ・グラサ号（通称マードレ・デ・デウス号）で長崎に入港してきた。長崎奉行は長谷川藤広といい、将軍の買い物係の役割もあった。早速ペッソアと交渉に臨んだが、思うようにならない。彼は晴信をけしかけたらしい。晴信がポルトガル船攻撃を家康に請願したところ、家康は伽羅木（香木）入手を晴信に委託していることもあり、ポルトガル貿易が断絶してもオランダ船の入港が望めるとして攻撃を許可した。

晴信と長谷川奉行は、ダ・グラサ号を三十隻の兵船で包囲して捕獲しようとしたが、激しい戦闘の末ペッソアは火薬庫に火を放ち、大量の生糸など積み荷とともに自沈した。

幕府の禁教令と教会破壊

ダ・グラサ号事件の影響は大きかった。徳川家康の信任が厚かったジョアン・ロドリゲスが、長谷川藤弘長崎奉行らの中傷によってマカオに追放され、イエズス会は重要なパイプを失った。代わって家康は、外交顧問としてイギリス人のウィリアム・アダムスを重用するようになる。

また、一六一二年の幕府禁教令のきっかけとなった岡本大八事件も起こった。これは家康側近の実力者である本多正純（まさずみ）の家臣岡本大八が、ダ・グラサ号撃沈の恩賞として東肥前の有馬氏旧領回復を斡旋すると有馬晴信をだまし、多額の賄賂を受け取った詐欺事件である。結果、大八は火刑に処せられ、晴信も改易・死罪となった。

両者ともキリシタンだったことが、豊臣秀頼の動静を注視している家康を刺激したようだ。当時大坂城には、関ヶ原の戦い以降に生じた浪人たちが集まっていた。大坂方とキリシタン勢力の結合は防がねばならない。幕府はまず天領の京都・駿府・江戸に禁教令を布告し、教会を破壊した。

一六一四年一月には再び禁教令を布告、全国の大名に対してキリシタン禁圧を実行するよう通達し、宣教師は長崎に護送された。禁圧成功のモデルケースとして大村藩が注目され、大村喜前は参勤の江戸から駿府に呼ばれてキリシタン禁圧の方法を諮問された。大村藩の取り締まりが徹底していなかったことは後述することになる。

長崎では禁教令に抗議して、同年五月にはキリシタン行列が何度も繰り広げられた。五月十九日のサント・ドミンゴ教会（現・桜町小）を出発した行列には三千余人が参加したという。自己を責めるため荒縄で縛り、鮮血を流すなどしながらの参列であった。

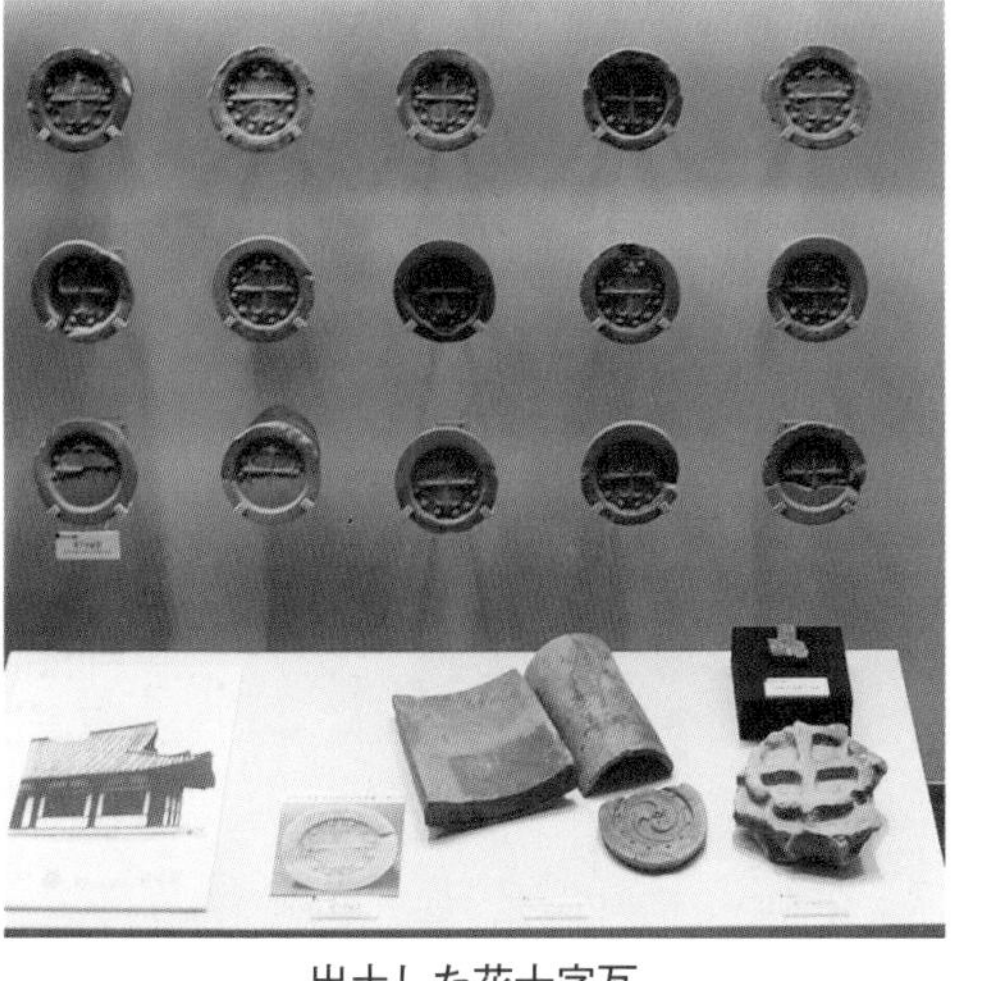

出土した花十字瓦
（サント・ドミンゴ教会跡資料館展示）

そのルートはサン・フランシスコ教会（市役所別館）、ミゼリコルディア本部（長崎地方法務局）、イエズス会本部（旧県庁）、サン・ペドロ教会、サン・ジョアン・バプチスタ教会（本蓮寺）、山のサンタ・マリア教会（長崎歴史文化博物館付近）、サンタ・クルス墓地をめぐって出発地に戻った。イエズス会の行列は少しルートが違っていた。

しかし、幕府の弾圧は厳しく、大村・平戸・有馬・佐賀など各藩に命じて十一の教会を破壊し（『長崎実録大成』）、慈善施設・病院などの付属教会も一六二〇年までに壊された。

長崎に集められた宣教師はマカオ・マニラに追放されたが、脱走・残留して潜伏活動する者も多かった。次節の中浦ジュリアンもその一人である。

高山右近と中浦ジュリアン

高山右近は加賀国金沢にいた。

前田利家が病死しても、子の利長の保護・支援は変わらなかった。それでも利休七哲の一人であり、右近の人望が大坂方と結びつけば、徳川政権にとって脅威となるかもしれない。幕府禁教令を受けて、一六一四年二月右近は冬の金沢を発って長崎に送られた。

長崎に着くとトードス・オス・サントス教会に入り、数ヶ月間家族とともに安らかな月日を過ごしたようだ。その年の十一月長崎を出港して、十二月マニラに到着、総督以下全市をあげての歓迎を受けた。右近は六十を過ぎた老齢、慣れない気候・風土もあって、一六一五年二月四日死去した。

彼の人間性をよく表している史料を紹介したい。一五九〇年ヴァリニャーノに会うため、金沢から出てきた右近は「主（しゅ）から受けることができた最大の恩寵の一つは、関白の政庁と交わらなくてよくなったことである」。「領主や重臣たちとの危険の多い用務や交際」に惑わされ、「つねに大いなる懸念や危険を感じて過ごしていた」（フロイス『日本史』2、中央公論社）と語り、さらに俗世からの隠遁を訴えた。関白は豊臣秀吉のこと、政庁を会社・組織に置き換えて考える現代人は多いのではないか。

天正遣欧使節の一人中浦ジュリアンも六十過ぎまで宣教活動を続け、一六三三年に長崎で殉教した。やはり信仰を貫いた人物である。かつてローマ教皇に謁見したのは、東方三賢王にちなんで三人の少年使節であった。ジュリアンは病気という理由で参列していない。最初から予備要員だった可能性もありそうだ。

司祭に叙階されたジュリアンは島原の口之津を拠点に、肥後天草、博多、小倉などで活動し、小倉で捕らえられて長崎に送られた。処刑前に「私はローマへ行った中浦ジュリアンである」と言ったというが、原史料にはない。

彼の自筆書簡（一六二一年九月二十一日付）が日本二十六聖人記念館に展示されている。当時の報告は三つのルートでヨーロッパへ送られていた。同じものが三つあったので一つもらってきた、とは結城了悟神父からお聞きした話。

中浦ジュリアン殉教図
（『日本殉教精華』より。長崎歴史文化博物館蔵）

他の使節のその後だが、正使を務めた伊東マンショ神父は一六一二年に長崎で病死した。原マルチノ神父は一六一四年の禁教令でマカオに追放され、同地で死去した。千々石ミゲルについては、ミゲル夫妻と思われる墓地の調査と併せて後に述べる。終章234～237ページをお読みいただきたい。

長崎奉行のキリシタン弾圧

一六一六年、大御所・徳川家康が死去し、二代将軍秀忠政権下において、中国船以外の外国船の入港を長崎と平戸に制限した。これは貿易統制と同時に宣教師の入国を監視する目的もあった。長崎にはポルトガル船が主として入港し、平戸には新教国のオランダ・イギリスが商館を設けていた。

当時の長崎奉行は長谷川藤広に代わって長谷川権六（ごんろく）、藤広の甥という。長崎の人口は二万数千人で、そのほとんどがキリシタンである。一六〇〇年ころ約五千人だったから、長崎村（新しい市街を含む）が天領に編入され、小ローマ・長崎の繁栄とともに、各地から追われたキリシタンの流入が人口増加につながったと思われる。従来の「長崎」を内町（うちまち）といい、秀吉が与えた地子銀（土地税）免除の特権を持つ。四人の町年寄が町政を担った。地子免除以外の市街地を外町（そとまち）といい、長崎代官が支配した。

奉行・長谷川権六は、棄教した町年寄・高木作右衛門や代官・末次平蔵と結んで、まず上層町人に棄教を迫った。貿易都市としての機能は維持しなければならず、最初から強硬手段を取ることはできない。ミゼリコルディア本部跡地に浄土宗の大音寺（だいおんじ）を創建し、諏訪神社を勧請するなど寺院・神社を建立した。

一六二〇年に起きた平山常陳（じょうちん）事件は弾圧を一段と苛酷なものにした。堺の貿易商・平山常陳の朱印

スピノラ神父火あぶりの図
（『日本殉教精華』より。長崎歴史文化博物館蔵）

船がマニラを出港して帰国途中、蘭英の船隊に拿捕され、平戸に曳航された。積み荷を奪われた常陳は朱印船に対する海賊行為であると長崎奉行所に訴えたが、ドミニコ会・アウグスチノ会の宣教師を乗船させていたことが裁判で発覚し、常陳と宣教師二人は火刑になった。

続いて一六二二年九月、宣教師や信徒など五十五人が長崎西坂の丘で処刑された。これを、年号を付して元和（げんな）の大殉教という。火刑・斬首の様子を描いた油絵がローマのジェズ教会に保存されている。

五十五人のうち、強い殉教願望を持って来日したイエズス会のカルロ・スピノラ神父を紹介したい。京都では南蛮寺の会計係のかたわら数学・天文学を教授した。長崎でも会計係に就き、また一六一二年の月食観測をマカオのイエズス会と連携して実施し、経度を測定するなど一流の科学者でもあった。

他に、かくまった宿主の家族で、女性や幼い子どもも処刑された。

温泉岳地獄送り

一六一七年、ローマ教皇・パウロ五世は、サン・ピエトロ寺院の完成を祝して大勅書を発布し、とくに弾圧に苦しむ日本の信徒のために慰問の勅書を付け加えた。大勅書は三年後、日本に到着した。これに対して長崎・有馬、畿内、奥州など全国の信徒から感謝の奉答文がローマへ送られた。うち長崎で一六二一年に作成された奉答文には町年寄三名、町田寿安・高嶋是良仁母（ゼロニモ）・後藤登明（トメ）が署名している。後藤登明は『どちりな・きりしたん』の出版者である後藤宗印である。宗印のその後だが、水野守信奉行のとき棄教を拒んで江戸へ送られ、おそらく獄死したのであろう。宗印の墓は長崎晧台寺（こうたいじ）後山にあって「清香院殿梅岳祖実居士」の法名が刻まれている。後藤氏・高嶋氏は江戸期を通して代々町年寄を務めた。町田氏は途絶えている。

信徒への弾圧が強化されたのは、一六二六年から三年間在勤した水野奉行からである。三百俵の両長谷川奉行と違い、彼は三千石の大身の旗本であった。幕府から水野奉行宛の令達には、伴天連（ばてれん）への協力者に対して男は火あぶり・死罪、女は奴に落とし、財産は没収とある。

また、島原藩主の松倉重政と協力して温泉岳（うんぜんだけ）地獄送りを始めたのも水野奉行という。現在は「雲仙」と表記するが、かつては「温泉」を「うんぜん」と読んでいた。地獄責めは苛烈・苛酷だった。柄杓で地獄の熱湯を汲んで信徒の素肌に少しずつかけた。転（ころ）べばよし、転ばなければ大半はそのまま命がない。「寛永十九〔一六四二〕年平戸町人別生所紀」には温泉岳送りのことを「山に入」と表記されている。

同史料には、長崎平戸町の住人がどの奉行のとき転んだか記されているが、長谷川権六のときは三人、水野奉行のときは二十人ほど、多くは平戸町の有力者たちである。一六二九年から四年間在勤した竹中重義奉行のときは実に百五十人以上、激しい弾圧が一般信徒まで広がった。竹中奉行は豊後府内二万石の藩主で、それだけ人手をかけて取り締まりが行われたわけである。

温泉岳地獄熱湯責め
（モンタヌス『日本誌』より。長崎歴史文化博物館蔵）

ところで、温泉岳は修験道の山だった。伝説では行基が開いた温泉山満明寺があって、戦国期には千坊もの僧院があったが、稚児が飼っていた白雀が死んだことがきっかけで喧嘩が起こり、全山が焼失する事態となった。これを白雀の乱という。島原には郷土の謡曲として「白雀」が伝えられ、復曲上演も行われた。江戸時代は湯治場、大正以降は外国人の避暑地としても有名だった。

イエズス会に衝撃走る

一六二〇年代は、幕府の禁教政策強化によって宣教師や信徒の摘発が続き、一方、マカオから長崎へのポルトガル船は厳重に監視され、新たに潜入してくる宣教師はほとんどいなくなった。イエズス会は日本での宣教体制を縮小せざるをえない。とくに一斉改宗によって多くの信徒がいた大村領・有馬領（島原領）では打撃が大きく、信仰をやめる者も多かったようだ。

イエズス会が活動を縮小したところへ、フランシスコ会はじめドミニコ会・アウグスチノ会が積極的に布教し、信仰の「立ち帰り」をすすめた。イエズス会の日本在留宣教師二十〜三十人に対し、フランシスコ会宣教師が十人以上のときもあった。

その活動の痕跡と思われる聖画「無原罪の聖母図」が、二〇一四年パリのカプチン・フランシスコ会からカトリック長崎大司教区に寄贈され、研究が進められている。幕末にプティジャン神父によって外海の出津（しつ）集落で見出されたこの聖画には、アッシジの聖フランシスコが描かれており、イエズス会系画工舎の作品ではない。第二次世界大戦前、浦上教会に移され、原爆で焼失した「マリア十五玄義図」（模写が存在）も同じく、フランシスコ会宣教師の指導で描かれた日本人絵師の作品と考えられている。布教でフランシスコ会は帯なわ（コルドン）の組を組織し、またドミニコ会もロザリオの組を組織した。

金鍔（きんつば）次兵衛はアウグスチノ会の司祭である。マニラで叙階され、トマス・デ・サン・アウグスチノ

金鍔次兵衛の隠れ家という岩穴

と称した。金鍔の由来は、いつも金鍔の脇差を差していたからで、その動きは神出鬼没、馬丁として長崎奉行所に出入りしていたともいう。長崎港口の戸町（とまち）に、彼の隠れ家と伝えられる岩穴があって金鍔谷と呼ばれ、金鍔バス停まである。一六三七年に密告により捕らえられ、殉教した。

以前に中浦ジュリアンの殉教を紹介したが、このときイエズス会の責任者であったフェレイラ神父は穴吊（つ）りに堪えきれず棄教した。血が頭に下がるとすぐに死ぬため、こめかみに小さな穴を空けて血を出し、苦しみが長く続くようにして転びを誘う拷問である。

奉行所では、彼に沢野忠庵の名と日本人妻を与え、転び伴天連・切支丹目明しとして信徒の摘発・改宗に利用した。医学・天文学にも造詣の深い著名なフェレイラのこと、イエズス会に衝撃が走った。彼の棄教を翻意させようとイエズス会士が無理な潜入を試みたが、このあたり、遠藤周作の小説『沈黙』にも登場する。

出島の造成

禁教の徹底には、ポルトガル船の来航を禁止するのが最も効果的である。実際一六二四年にはスペイン船の来航を禁止したが、ポルトガル船に対してなかなか踏み切れない。それは当時の日本が中国産の白糸（高級生糸）を必要としており、それを多くもたらしていたのがポルトガル船だったからである。また、長崎代官の末次平蔵など日本側の有力者がポルトガル貿易に投銀（投資）をしていた。来航を禁止すれば影響は結構大きい。

一五七〇年代から五十年以上、ポルトガル商人たちは長崎を拠点に貿易を行い、入港時は市中に滞在していたから、いわゆる南蛮文化・風俗が長崎に定着していた。ポルトガル人と日本人女性との間に生まれた子女も数多くいた。

ポルトガル貿易は続ける、長崎市中との接触は断ちたいとなれば、隔離するしかない。出島はこうした目的で造られた。当時海に突き出た「長崎」先端の沿岸に砂州があり、その周囲に石垣を廻らし、内側を礫・土砂で埋め立てて築地を造成した、これが出島である。きれいな扇形になったのは、造成担当者のセンスによるものだろうか。面積は三千九百六十九坪（当時の面積換算で約一万五千平方メートル余）、外部との交流は表門と水門だけだ。

出島造成の出資はポルトガル貿易になんらか関与している二十五人の有力町人に命じられた。長崎町年寄の高嶋四郎兵衛・後藤庄左衛門・高木作右衛門・高木彦右衛門、博多商人の末次宗徳・大賀九右衛門、他に上方系商人、長崎地役人らが名を連ねている。彼らを出島町人といい、家屋を建てて貸し付け、年に銀八十貫目をポルトガル側から受け取ることにした。金にしておよそ千六百両である。

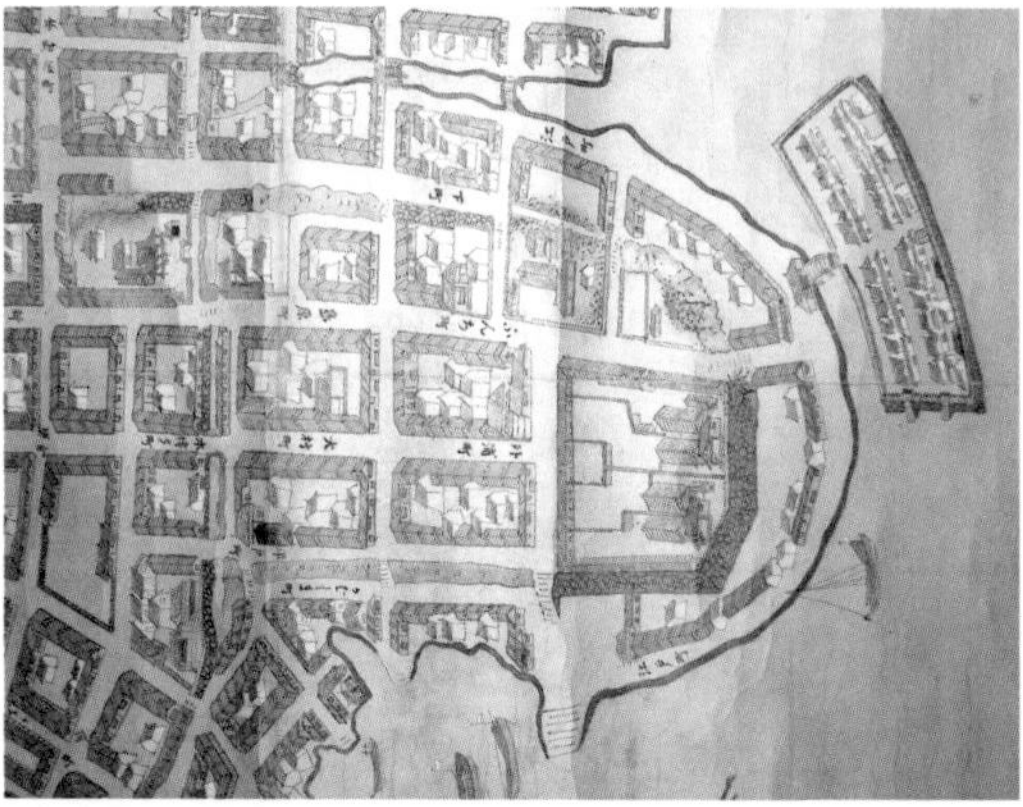

「寛永長崎港図」の出島部分（長崎歴史文化博物館蔵）

一六三四年から造成を始めて二年後に出島の造作が完成した。ポルトガル人はすべて収容され、貿易業務もここで行われた。市中にいた日本人女性との間に生まれた子女は、二百八十七人がマカオに追放された。

ところで、後述する島原の乱終結後、寛永十六（一六三九）年の鎖国令でポルトガル船の来航が停止されると、出島は空き屋敷となった。困った長崎の貿易商たちは、幕府に平戸オランダ商館の出島移転を強く嘆願したらしい。幕府にとっても貿易統制に利点があり、完成したばかりの商館倉庫の破却と、長崎移転をオランダ側に命じた。

現在、平戸オランダ商館跡地に石造りの倉庫が復元され、資料館として公開されている。

有馬氏から松倉氏へ

一六一二年の岡本大八事件で有馬晴信が改易になっても、子の直純（なおずみ）が改めて有馬四万石を拝領した。徳川家康の側に仕え、彼の養女を室に迎えていたためといわれている。早速直純は、領内のキリシタン取り締まりを徹底するよう命ぜられ、晴信による領民の一斉改宗以来築かれてきたキリシタンの王国から、イエズス会宣教師に退去を命じた。それでも中浦ジュリアンなどが潜伏して活動し、またその宿主となる信徒も多くいた。

直純にしてみれば父祖以来のキリスト教との関わりである。家臣でさえ、なかなか棄教に応じようとしない。徹底した禁教政策の実行は無理とみた幕府は、二年後一万三千石を加増して日向国延岡に移封させた。棄教しなかった家臣は地元に残って帰農した。彼らは有家・口之津・道崎（どうざき）など地名を姓とした小領主層が多く、後に一揆軍を指導することになる。

有馬のキリシタン全盛時代には、イエズス会宣教師によって各地域にコンフラリアという信心会が結成され、信仰・相互扶助に大きな影響を与えていた。聖母マリアの信心会など多くの組が活動していたが、禁教時代には、これが地下組織となって信仰を守った。ローマ教皇・パウロ五世の大勅書への感謝の奉答文（一六二〇年作成）には、有馬・島原・有家・口之津各村の十二名が署名している。彼らは地域の組の指導者であろう。

日野江城跡の仏塔を転用した階段遺構
現在は保存のため土がかぶせられている（長崎県南島原市提供）

有馬晴信自身、最初は戦国争乱生き残りの手段として洗礼を受けたのだが、一六〇〇年前後は自らの信仰も深まってセミナリオを再誘致した。彼の信仰への直情が遺構として残っている。本城である日野江城跡の発掘調査で、五輪塔の地輪や宝篋印塔の塔身など百個近くを転用した階段遺構が出現した。大量の仏塔を踏みつけていたのである。間接的ながら島原の乱の背景の一つとして紹介しておく。

さて、一六一六年に大和五条一万石の領主である松倉重政が有馬四万石の大名として入封してきた。当初重政は宣教師の活動を黙認していたようだ。それは本城を有馬の日野江城から島原の森岳に移して城普請を行うため、キリシタン領民の協力が必要だったからといわれている。普請は一六一八年から七年間行われ、四万石の大名には不相応な大規模な島原城が完成した。

この城普請で、日野江城・原城などの建物・石垣は壊され、材木・石材は島原に運ばれたといわれてきた。

島原の乱

一六三七年、島原半島南端部の原城に籠もった一揆勢は二万数千人（三万七千とも）、攻める幕府・諸藩軍十二万人以上、以後江戸時代にこれほど大きな戦乱はない。これを島原の乱という。

島原南部とともに天草でも一揆が起こり、その後数千人の天草勢が原城に籠城しているから、当然島原・天草一揆が発端であるが、十数万の軍勢が集結した原城攻防戦はまさに戦争そのものである。有明海に面した原城、包囲する幕府・諸藩の陣屋を想像していただきたい。

城攻めに参加した各藩において長く語り継がれ、原城攻防絵図や屏風絵などの資料が残されているが、その藩の立場で作成されたものが大半である。つまり、戦功を誇る意図が込められている。

一揆が起きた要因や性格についても、その立場、立場で書かれた内容が異なる。松倉氏の関係史料はキリシタンが結託した宗教一揆であると強調している。自分たちの失政が一揆を引き起こしたのでないというわけだ。一方、当時のキリスト教関係史料は松倉重政と勝家父子による苛政が引き起こした農民一揆であるとする。一揆の原因がキリシタン宗門にあるとされるのは迷惑至極。

確実と思われる史実を列挙しておきたい。

・当時凶作が数年続いたこと

・松倉氏による苛酷な統治に怒った農民が立ち上がったこと

原城遠景（長崎県南島原市提供）

・イエズス会やドミニコ会のコンフラリア（信心会）組織は緩んではいたが、当初から結束して行動できたこと

これら以外にも、年貢取り立てのため、妊婦を水牢に入れた、婦女を裸にして辱めた、蓑（みの）を着せて火を付けた（蓑踊り）などは事実の可能性が高そうだ。

島原の乱の経緯は次のとおり（月日は和暦）。

寛永十四年（一六三七）十月二十五日　有馬の百姓らが島原藩代官を殺害し蜂起、翌日から一揆勢は島原城を落城寸前まで追いつめた。

十一月八・九日　江戸に一報が届き松倉勝家帰国、幕府は上使として板倉重昌（しげまさ）らの派遣を決める。

同月　天草の一揆勢が寺沢氏（唐津藩主にして天草領主）の軍勢を破り、天草富岡城を攻撃。島原の一揆勢は原城に入り、天草の一揆勢も合流。

同月二十七日　幕府は上使として松平信綱らの派遣を決定。

十二月　幕藩軍は原城を攻撃。

寛永十五年　正月元旦　板倉重昌は総攻撃を命じて自ら参戦したが、鉄砲に当たって戦死。

同月四日　松平信綱らが原城戦場に到り、状況を見分して兵糧攻めを指示。

同月　各藩は城攻め最前線の仕寄場(しよせば)を前進させるが、一揆勢の鉄砲で狙い撃たれる者多し。オランダ船デ・ライプ号が海上から原城を砲撃。

二月二十一日　一揆勢が包囲軍に夜討ちをかけるものの失敗。

同月二十七・二十八日　総攻撃により原城落城。

一揆勢には五百挺以上の鉄砲があった。島原に残った有馬氏旧臣や天草を領有していた小西行長の旧臣、また各村庄屋たちが持っていたものだろう。一揆勢の指導者層と重なるようだ。最高指導者に推戴された益田（天草）四郎は十六・七の少年だったらしい。その父は小西行長旧臣といわれ、顔には水疱瘡の痕があったともいうし、美少年かどうかわからない。しかし、一揆勢には一旦棄教して立ち帰った人々が多数いたから、彼らを引き込む魅力があった、または一揆指導層によって魅力が作られたとも考えられる。江戸時代中期以降は、島原の乱関係物語が創作され、「容顔美麗」「天人ノ如ク」「海上ヲ歩渡リ」（「耶蘇天誅記(やそてんちゅうき)」）といった興味深い四郎像が広まっていった。

さて、一九九二年から実施されてきた原城本丸発掘では、衝撃的な事実が明らかになった。発掘の責任者である南島原市教育委員会の松本慎二文化財課長（現・世界遺産推進室長）に教示を受けた事柄をとりまとめたい。

発掘で出土した人骨（長崎県南島原市提供）

まず、原城の建物・石垣は壊され、建材や石は島原に運ばれたとされていたが、そうではなかった。一揆勢が籠城するとき、建物・石垣は残っており、急ぎ門や柵などを整備すればよかった。本丸正門の発掘では、壊された石垣の大石の下に瓦礫の層があり、多数の人骨が折り重なっていたことがわかった。つまり、一揆勢の遺体の上から焼けた建物や石垣を壊して投げ落としたのである。

それらの人骨には成人男女に混じって子どももあった。中には刀傷の痕跡がある人骨がある。上半身と下半身が分かれた人骨もあり、キリシタンの甦り（よみがえ）りを恐れたかのようである。また大砲の弾丸や鉄砲の部品・鉛玉も発掘されており、こうした戦争の痕跡が生々しく残った遺跡は、全国的にみてもきわめて珍しいという。唯一かもしれない。

さらに、ザビエルとロヨラの二人が福者だったのは一六一九〜二二年だが、二人の福者の顔が両面に刻されたメダイが出土しており、また鉛で作られた十字架も多く発掘されている。みんな敗者側を表す遺物である。

鎖国体制の完成

島原の乱後に鎖国体制は完成した。この体制はキリスト教禁教と貿易統制の二面からなる。「鎖国」という言葉は、長崎の蘭学者（オランダ通詞）志筑（しづき）忠雄による造語で、元禄のころ出島商館医として来日し、帰国後執筆したケンペルの論文を日本語訳した「鎖国論」からきている。もちろん志筑忠雄は、オランダや中国商人との通商、朝鮮との外交関係（通信）を知ったうえで「鎖国論」としたのである。

近年「鎖国」は江戸時代の通商・通信の実態を適格に表していないとして「海禁」の使用が提起されているが、それでは中国の明・清王朝の海禁政策と同じように受け取られ、キリスト教禁教政策が十分反映されない。

ところで、オランダ船が原城を砲撃したことは前節で述べた。幕府は、オランダ人がカトリックとは異なるキリスト教徒であることは知っており、オランダ商館側は貿易継続のため砲撃要請に応じたわけである（オランダ人御忠節）。デ・ライプ号に乗船していたクーケバッケル商館長は、台湾総督あての書翰で砲撃の効果はほとんどないと書いた。オランダ船に原城を砲撃させたのは、ポルトガル船の来援を期待しているかもしれない一揆勢に打撃を与えるねらいがあったようだ。

一六三九年に幕府はポルトガル船の来航を禁止した。日本が必要としていた中国産生糸は、オラン

踏絵の図（シーボルト『日本』より。長崎歴史文化博物館蔵）

ダ船と唐船（中国商人の貿易船）によって運ばれた。その唐船の来航は、一六三五年には長崎一港に限られており、徹底した制限貿易の中で長崎は国際貿易都市として繁栄していく。

一方、キリスト教禁教政策も徹底されていった。信徒摘発の手段として行われ、その後キリシタンでないことの証明となった絵踏みには、当初キリスト像などを描いた紙踏絵が使われたが、板をくり抜いてメダイなどをはめ込む板踏絵となり、真鍮踏絵が加わった。これらは長崎奉行所の宗門蔵に保管され、長崎市中、近郊の村々で使われ、九州諸藩にも貸し出された。

また、町・村単位で宗旨人別帳（宗門改帳）が作成された。人々は必ずどこかの寺の檀家になり、奉公・結婚などには檀那寺の「拙僧檀那に紛れ御座なく候」という寺請証文が必要だった。こうした檀家制度は、いわば戸籍の役割を果たしたことになる。

一六四四年、イエズス会の小西マンショが殉教し、日本には一人の宣教師もいなくなった。各地のキリシタンは、どのようにして信仰を続けたのか、本書の主要テーマの一つである。

第二章

「潜伏」から「かくれ」へ
——平戸島・生月島を中心に——

平戸藩と大村藩の危機

島原の乱が終わった翌一六三九年、平戸藩の存立に関わる浮橋主水事件が起こった。第三代藩主・松浦隆信（宗陽）は、大村純忠の娘で熱烈なキリスト教信徒だったメンシアの子である。浮橋主水は隆信から馬廻に取り立てられ、主君の死に際しては追腹（殉死）を高言していたが、一六三七年に隆信が死去しても腹を切らなかった。平戸城下の者たちは物笑いにして、屋敷門前に「キラズ」（おからのこと）をまき散らしたという。いづらくなった主水は江戸に出て、松浦家内にキリシタンの嫌疑ありと評定所に訴状を提出した。隆信の平戸側室は大村喜前の娘で、当時大村藩から来た者たちが権勢を振るっていたらしい。

これに対し、老中・松平信綱が訴状の写しを事前に平戸側へ渡して答弁の準備をさせるなど好意的で、結果は平戸側勝訴、主水は伊豆大島へ流された。信綱は平戸藩の存続と、オランダ商館の出島移転をセットで考えていたのかもしれない。

不思議なのは、一六三〇年に隆信によって江戸へ連れ出され、下谷広徳寺で軟禁状態のメンシアが審議の対象とされなかったことである。臨済宗に帰依して松東院と号したというが、平戸藩の史料だけでは真偽の程はわからない。彼女は一六五七年に死去した。

同じ年大村藩重役に対して、長崎奉行・黒川正直から大村領内にキリシタンがいるとの急報があった。大村領郡村（現・大村市）の兵作が長崎の知り合いのところで、キリシタン残党が一揆を催し、長崎に押し寄せる計略があるともらしたのである。

真偽の程は不明だが、以後黒川奉行の指揮で、大村領内の探索が繰り広げられた。『大村見聞集』（高科書店）によれば、岩穴に「吉利支丹絵」を隠し、「嶋原之四郎」と思しき少年がいて、「さんたまりやノ絵」や「南蛮数珠」を所持する主要人物などの記述がある。探索の範囲は郡村にとどまらず江ノ串村・千綿村（現・東彼杵町）など大村城下の北部地域一帯に及んだ。

結果、六百三人が捕らえられ、そのうち四百六人が長崎・大村・佐賀・島原・平戸で処刑（つるし殺し・斬首）、七十八人は各所で牢死、二十人が長崎・大村で永牢、九十九人は別条なし（棄教など）と赦免された。処刑者の中には一歳・二歳の乳幼児もいて、なり振り構わぬ処断であった。これを郡崩れという。崩れとは組織崩壊のことである。

松東院（メンシア）肖像画
（松浦史料博物館蔵）

このまま追及が続いて大村湾南岸・西岸から外海地方に及べば、大村藩は存続できなかっただろう。黒川奉行からの報告を受けた幕府の指令と思われるが、弾圧は一段落した。

潜伏キリシタンとは

潜伏キリシタンとは、幕藩権力の禁教政策を受けて仏教徒をよそおい（一部は神道）、潜伏して信仰することをよぎなくされた人々のことと定義したい。禁教政策を具体化したものが、絵踏みの強制であり、どこかの仏寺の檀家にならねばならないという檀家（だんか）制度である。こうした状況で信仰を継続するには信仰組織の存在が欠かせない。

例えば、松東院メンシアが一生信仰を捨てなかったとしたら、彼女は潜伏キリシタンかというとそうではない。彼女は外部との接触を断たれていた。

松浦史料博物館の久家（くが）孝史学芸員は、メンシアの死後、住んでいた広徳寺内の松東院は毀（こわ）されており（「家世伝 夫人伝」）、信仰を保っていた可能性はあるという。墓は平戸正法寺（しょうじゅうじ）にあって息子隆信（宗陽）と並んでいる。

もう一例、一九三二年の旧制大村中学（現・県立大村高校）新築工事の際、大村藩重臣の宇田家（大村氏一族）の墓からメダリオン「無原罪の聖母」が出土した。その墓には寛永十六（一六三九）年の年紀があって、大村藩が禁教政策をとってから三十年以上たっており、当時宇田家の誰かが青銅の聖母像を秘匿していたことになる。埋葬の状況は不明だが、推測すると、その人物のため家族が密かに添えたものであろう。これも潜伏キリシタンとはいいがたい。

これに対し、郡崩れで拘束された人々には、信仰組織の存在がうかがわれ、潜伏キリシタンとみていいと思う。四百人もの処刑という恐怖に加えて、絵踏み・五人組といった監視制度の強化は、潜伏していた大村領民の信仰組織の解体、棄教につながったと思われる。ただ、天領の浦上村山里に隣接した浦上北村・同木場村など一部地域、佐賀藩深堀領が混在した外海地区では信仰組織が残った。

郡崩れと同様な大規模弾圧を全国的にみると、一六六〇年ころから大分県の豊後崩れ、愛知県・岐阜県の濃尾崩れが起こっている。豊後崩れも長崎奉行の指揮のもと臼杵藩など各藩で探索が展開され、濃尾崩れは幕府が直接尾張藩に指令し、江戸送りのキリシタンも合わせて千人を超える処刑が行われたという。

幕府によるキリシタン弾圧はこれで終了し、十八世紀からは、たとえキリシタンがいたとしても絵踏みを行い、年貢を納め、一揆など不穏な動きがなければ、黙認する方向に変わったようだ。それも八代将軍吉宗の治世からという印象を持っている。

メダリオン「無原罪の聖母」
（大村市歴史資料館蔵）

小説『沈黙』と映画『沈黙――サイレンス――』

遠藤周作の小説『沈黙』には、潜伏キリシタンが登場する。

この小説には前提として訴えたいテーマ（主題）があって、それを表現するために、いろいろな歴史的素材を集めて小説を構成していく手法が取られている。テーマは、キリスト教の教義と棄教、人間の弱さである。

テーマを訴えるために素材を集めるのだから、一六四〇年代初めという時代設定の三十年以上前に死去したヴァリニャーノを登場させ、また五島で捕らえられたロドリゴが、船で大村純忠が開港した横瀬浦を通過し、大村からは街道を通って長崎に到着するなど歴史的にも地理的にもきわめて不自然である。

イノウエは長崎奉行として登場するが、モデルの井上政重は幕府大目付、宗門改めの役職にあって長崎奉行の上位にある人物である。平戸オランダ商館倉庫の破壊、商館の長崎出島移転を命じたのも彼だ。『沈黙』では、イノウエに幕府の禁教政策を語らせるなど、関連する長崎奉行が投影されているように思われる。後述する浦上一番崩れで、絵踏みをしている、年貢も納めているのでキリシタンではないと長崎奉行に訴えた浦上村農民を、トモギ村農民に置き換えてイノウエが訴えを聞き、また浦上四番崩れにおける長崎奉行・河津祐邦（かわづすけくに）の態度などもイノウエに反映されているようだ。

『沈黙』記念碑（長崎市外海歴史民俗資料館前庭）

つまり、遠藤は時間と空間を自在に変えて表現し、テーマを浮かび上がらせたわけである。

あらすじは小説を読んでいただくとして、主な登場人物を整理すると、主人公のロドリゴのモデルはイエズス会司祭のジュゼッペ・キアラといい、棄教したフェレイラを翻意させる目的で日本に来たが、井上政重によって穴吊りにかけられ自身棄教した。その後岡本三右衛門を名乗って日本人妻と江戸の切支丹屋敷に住み、一六八五年に八十歳を超えた老齢で死去した。

フェレイラについてはすでに述べたが、著書に「顕偽録」（排耶書）、「天文備用」、「南蛮流外科秘伝書」があるとおり学識を備えた人物であり、小説にはそのまま本名で登場する。

イノウエ以外の日本人では、棄教を繰り返すお調子者で五島出身のキチジロー。彼に人間の弱さを凝集させており、ロドリゴと並ぶもう一人の主人公である。通辞の存在も大きい。遠藤は彼にキリスト教布教への疑問を語らせている。トモギ村のイチゾウとモキチは信心深い潜伏キリシタンである。

遠藤が自分を投影した作中人物は何人もいた。

遠藤周作は一九六一年に肺の手術を繰り返し、奇跡的に回復した。『沈黙』（新潮社）の刊行は一九六六年。彼が十年来深めてきたテーマが、とりわけ人間の弱さが読者に迫ってくる。

一九五九年発表の短編『最後の殉教者』は浦上四番崩れが時代背景で、喜助という大柄な臆病者が登場するが、『沈黙』のキチジローには卑怯さ・ずるさなど加わり、進化したキャラクターになった。

遠藤は『沈黙』執筆前に平戸・外海・長崎などを現地取材している。平戸の自然の美しさ、海の碧さはとくに気に入ったようだ。また、平戸には切支丹時代の街の雰囲気がよく残っているが、その平戸を長崎に移し変えて場面を作ったという。小説の舞台はトモギ村・五島・長崎と江戸切支丹屋敷となった。

なお、トモギ村の由来は、遠藤を現地案内した一人に本木さんがいたからとか。

長崎県のキリスト教史も、地理・地名もわかりやすく適度にちりばめてあるので、その分、研ぎ澄まされたテーマが浮かび上がる。遠藤のキリシタン物は、この後一九八〇年にかけて『イエスの生涯』、『死海のほとり』、『銃と十字架』、『侍』など数多く発表され、深まっていった。ちなみに強者が主人公なのは『銃と十字架』のペドロ岐部だけのようだ。

小説のテーマがキリスト教世界に直接通じるだけに各国での翻訳も多く、批判がある一方で評価も高かった。ハリウッド映画の巨匠であるマーティン・スコセッシ監督も高く評価した一人である。

「大村藩領佐賀藩深堀領境界絵図」より黒崎村部分
（長崎歴史文化博物館蔵）

一九九一年ニューヨークで遠藤と会い、映画化について話し合った。

監督は二〇〇九年に長崎県を訪れて外海・長崎などを見て回り、長崎歴史文化博物館では、復元されたお白洲（しらす）や、トモギ村のモデルとされる外海黒崎村の資料も実見した。このとき、十七世紀の黒崎村の田んぼの状況について質問を受けたことを思い出す。それは台湾で撮影が始まって、筆者自身時代考証に参加してから理解できた。ロケ地には詳細なトモギ村のセットが造られていた。

ともかく監督自身がロケーション・ハンティングに来たくらいだから、撮影は遠からず始まると発表を期待したが、なかなか始まらない。監督来館の数年後、制作者側の一人で、監督に同行したプロデューサーの宮川絵里子さんに、本当に制作されるのですかと疑問を投げたら、「スコセッシ監督という方はやると言ったら絶対にやるんです」と返された。

映画『沈黙――サイレンス――』は、スコセッシ監督の強い意向もあって、全体できるだけ原作に忠実にという制作姿勢であった。

時代考証の仕事は二〇一四年秋から本格的に始まり、さらに翌年二月からは台湾のロケ地とメールの往復が五月まで頻繁に続いた。困ったのは原作そのものが時代と地理を正確に描いていないのに、どう資料を提供したらよいのかということである。第一、一六四〇年代の史料はほとんど残っていない。とくに長崎の場合、町を九割以上焼き尽くした一六六三年の寛文の大火以前であるから、史料は皆無に近い。

長崎市中については、「寛永長崎港図」や「寛文長崎図屏風」などを提供し、桜町牢屋の詳細図面も送った。牢屋は原作では外町にあり、雑木林と隣り合って山鳩が鳴いているが、実際は街中にある。

トモギ村に関しては、大村藩領・佐賀藩深堀領の境界絵図を参考にした。監督自身外海で実見の、板石を積み上げ泥で固めた壁の家には思い入れがあったようで、トモギ村の「じいさま」(潜伏キリシタンの指導者)イチゾウの家が石・泥造りで建てられた。

台湾のロケ地に造られたトモギ村のセットには、住家・田畑はもちろん、畑に植えられている麦や野菜、村の道や雑木も復元されたはずである。

イチゾウの家でロドリゴがサツマイモを食べるシーンについては、皮が赤い薩摩芋ではなく、皮が白い肥前芋にしてほしいと要望したが、暗い家の中での撮影なのでよくわからなかった。それでもイ

バスチャン屋敷跡
板石を泥で固めた壁の小屋が建っている

チゾウの家と家族は、潜伏キリシタンの暮らしをよく表現していたと思う。

印象深いのは、制作者側の自然景観や植生などへのこだわりである。ロケ地選定の際、五島の海岸として違和感はないかと、台湾ＧＯＴＯの写真が送られてきたので、これを五島に住んでいた人にも見せて確認を取った。

五島の山林や海岸の植生、また外海黒崎の雑木林などを撮影して送るとともに、友人たちに電話で尋ねることも多かった。台湾の低地の気候は亜熱帯だが、少し標高が高い所には長崎県に近い植生があるらしい。

映画公開後の二〇一七年正月、宮川絵里子さんから次のような趣旨のメールが送られてきた。

「『いい映画』『悪い映画』をはるかに超えたところにある傑作と思う。あらためて、素晴らしい映画に参加でき、光栄に思っている」と。

平戸島の春日集落と安満岳

これから平戸島・生月（いきつき）島のキリシタンの里を、歴史的背景とともに具体的に紹介し、続いて外海、浦上、五島をめぐり、奇跡の信仰史にも迫りたい。

潜伏キリシタンの信仰形態は、生月・平戸系と外海・五島・浦上系で大きく異なっている。例えば、生月・平戸系ではお掛け絵と呼ばれる聖画などを秘匿して納戸神（なんどかみ）として祀り、キリシタン関係の諸行事を、荒神様やお大師様信仰などとともに行う。一方、許しのオラショである「コンチリサン」や、いわゆる白磁の「マリア観音」は生月・平戸系には伝わっておらず、これらは外海・五島・浦上系の潜伏キリシタン信仰の中枢を占めている。

まずは、「長崎と天草地方の潜伏キリシタン関連遺産」の構成資産に指定された平戸島の春日集落に行ってみよう。現在、人家十七軒の小さな集落だが、それでも霊峰・安満岳（やすまんだけ）の麓に見事な棚田景観が展開されている。とりわけ田に水を張った四月ころ、稲が青々とした七月ころ、また刈り取り前もいいだろう。

こうした棚田は、潜伏の時代から近代にかけて、春日の里人が苦労して辛抱して、造り上げたものである。安満岳からの水の恵みも大きい。また、禁教時代からのキリシタン組織は、棚田の造成、用水の管理といった協働作業を円滑にしたと思われる。

春日の棚田景観

さて、一五五五年ころ身分ある武士として初めて籠手田安経がキリスト教徒になったことは、すでに述べた。平戸松浦氏を支える有力領主である。

その所領は、平戸島の北部に位置する生月島・度島と、平戸島西岸の春日・獅子・飯良などに存在していた。一五五八年には安経の命で領民の一斉改宗が行われ、春日の里人もすべてキリシタンになった。

イエズス会の宣教師は船で籠手田領を訪ね、教会を建てて信徒に説教を行い、洗礼を授けた。一五六一年には外科医でもあるルイス・デ・アルメイダ修道士が獅子・飯良を経て春日に到り、教会を建てるように促した。「諸人は喜んで、すぐさま工事に掛かった。その教会のための装飾品は他の場合と同様、平戸から送った。右の教会は清潔で荘厳な場所にあり、海と陸の眺望がはなはだ美しい」(『十六・七世紀イエズス会日本報告集』同朋社)と春日の教会のことを記している。その候補地として丸尾さまと呼ばれる小さな山がある。ここからの海陸の眺望は素晴らしい。

案内所「かたりな」で学んだこと

平戸島の春日集落が世界遺産に登録されて後、古民家を改装して見学者のための案内所「かたりな」が開設された。訪れた人たちと語り合いましょう、交流しましょう、ということだ。

自然環境・海陸の食物に恵まれた春日には長寿の方が多い。その方たちが週に二度くらい当番で「かたりな」に詰め、お茶を出して手作りの漬け物をすすめてくださる。自然の味で、おいしい。

二〇一八年七月と九月に春日を訪れたとき、当番は二度とも寺田ソノさんと寺田ウラさんだった。お二人とも九十歳を超え、春日の生まれ育ち。「ここの当番は大変ではないですか」と尋ねたら、家にいても何もすることがないから楽しいそうだ。ひとしきり昔の農作業、千歯や足踏み脱穀機を使った作業などは大変だったと語られた。海岸ではミナ貝や天草（てんぐさ）・布海苔を採り、口が開ける（解禁）とウニを採ったという。

一番印象深い話は春日と生月島の関係である。ウラさんは、伝馬船（てんま）に薪・木炭などを積んで館浦（たちうら）に売りに行き、必要品や肥料を積んで帰ったとか。現在生月大橋が架かる辰ノ瀬戸の潮流は結構厳しいが、熟知しておれば櫓漕ぎの舟で往復できたようだ。春日の若者の中には生月の漁船に乗り組む者がおり、またソノさんのように館浦に奉公に出た女性もいた。とにかく春日は生月経済圏内にあって、それは禁教時代も変わらないと推測できそうである。

案内所「かたりな」の寺田ソノさん（右）と寺田ウラさん（左）

春日の生活に欠かせない安定した水と薪・木炭資源は、霊峰・安満岳のお陰である。春日からも徒歩で行けるが、途中まで車で行ける東斜面の石の参道を登って頂上に着くと、白山比賣（ひめ）神社の石造の社がある。背後には、春日の里人が信仰する通称キリシタン祠（ほこら）があって、おそらく春日の里人がお参りしたことから、そう呼ばれるようになったのだろう。

その左には中国の寧波（ニンポー）近郊に産する梅園石（ばいえんせき）で造られた、いわゆる薩摩塔という珍しい仏塔が建っている（序章7ページ参照）。薩摩半島で初めて確認されたことから薩摩塔と呼ばれるが、日宋貿易が盛んだった平戸と博多周辺に多い。

石の参道から右に入ると西禅寺（さいぜんじ）跡があり、これも白山比賣神社、薩摩塔と併せて神仏習合の信仰形態を示している。そこにキリシタン信仰も並立して存在したというわけだ。

ちょっと自然観察。西禅寺跡には庭園遺構が残っていて、その池では春になると多数のカスミサンショウウオの産卵が見られる。霊峰の自然林は、貴重な動植物を包み守ってくれるのである。

生月島の捕鯨産業

なぜ、生月島には潜伏キリシタン信仰が広く残ったのか、この疑問に深く関わる生月島の捕鯨産業をみていきたい。

生月島については、主として平戸市生月町博物館「島の館」の中園成生学芸員の著書・諸論考を参照させていただく。生月町民ついで平戸市民として、二十年以上にわたって、かくれキリシタンや西海捕鯨の研究を続けてきた人物である。

さて、江戸時代中・後期、生月島は捕鯨産業の一大拠点であった。享保のころから網掛け突取の鯨漁に参入した生月島の畳屋（益冨家）は、十九世紀初頭の最盛期には、およそ三千人を雇用する日本最大の鯨組に成長した。鯨漁を行う網組は五組、漁場は壱岐・平戸から五島に広がっていた。

網組は主に勢子船・双海船・持双船で構成される。まず、勢子船が鯨を取りまいて網に追い込み、船から銛や剣を投げ上げて鯨を突き刺し、弱らせる。動きが鈍くなったところで羽差（勢子船の船長）が鯨に飛び移り、包丁で鼻に穴を開けて綱を通す。暴れる鯨との格闘は命がけだ。双海船は網を運び、適切に張りめぐらす役割。持双船は鯨が沈まないように二隻で挟み、浮かせて納屋場まで運ぶ。

納屋場で鯨は解体され、鯨油・鯨肉ほか皮・骨にいたるまで余すところなく利用・販売された。鯨油は広く灯火用として使われ、また稲に害を及ぼすウンカ防除対策としても珍重された。鯨漁から加

平戸市生月町博物館「島の館」捕鯨ジオラマ展示

工・販売まで、多くの熟練した人材と人手が必要である。生月島・平戸島はもちろん、隣の大村領や遠く瀬戸内海地域からも人材は集められた。

鯨一頭七浦潤うといわれたが、益冨組は明治の初めまでに、総計二万頭以上の鯨を捕獲し、三百万両以上を売り上げたという。直接の雇用賃金に加えて、鯨組に納入する食糧・酒、納屋場に供給する薪・木炭、諸道具類も莫大な量だった。生月島・平戸島地域の経済から平戸藩の財政まで豊かに潤してきたのである。貧しい生活の中で、密かに信仰を守ってきたという潜伏キリシタンのイメージは、ここでは通用しない。

当時生月島民の多くは潜伏キリシタンである。それがわかっていたとしても、彼らが信仰を表に出さない限り、平戸藩は目こぼしをしたといわれてきた。

また、生月島近海は鮪大敷網（しびおおじき）（マグロの大規模定置網）の好漁場でもあった。近代になってもイワシ、アジ・サバの巾着網漁が盛んで、現在も生月島館浦港は旋網（まきあみ）船団の基地となっている。

生月島キリシタンの里

一五九九年、松浦鎮信に反発して籠手田衆・壱部衆約八百人が長崎へ去った後、残った数多くの生月島のキリシタンはどうなったのだろうか。

同じ籠手田領で生月島の東に浮かぶ度島のキリシタン数百人は、松浦鎮信の命で信仰根絶に追い込まれたが、生月島の場合は、籠手田氏の重臣であるガスパル西玄可が残り、信仰組織を指導していた。それでも一六〇九年、妻子とともに捕らえられ処刑された。現在も中江ノ島を見晴らす黒瀬（クルス？）の辻に「ガスパル様の墓」として祀られている。なお西玄可の子であるトマス西も、一六三四年長崎で殉教し聖人に列せられたが、彼はドミニコ会の神父であった。

一六二二年にはイエズス会のカミロ神父が、平戸対岸の田平の焼罪で火あぶりとなった。記録では生月・平戸に入った最後の宣教師である。続いて一六二四年までに、カミロ神父の宿主や移動のための小舟を提供した者、その家族たちが中江ノ島で処刑され、長さ約四百メートル、幅約五十メートルの小さな岩礁の島は聖地「サンジュワン様」となった。

生月島の南岸には聖地「ダンジク様」もあって、ここはジゴク（洗礼名ディエゴ？）の弥市兵衛親子三人が、暖竹の茂みに隠れていたのを見つかって処刑されたところという。他にも殉教地がいくつもあり、島民は身近に弾圧・殉教の姿を焼き付けられた。

生月島館浦港の旋網漁船

つまり、江戸時代初期の平戸藩による厳しい禁教政策によって押さえ込まれたものの信仰組織は残り、その後の捕鯨産業発展が組織の維持・継続を容易にしたと考えられる。

それは近代の旋網漁業の発展も同様で、信仰の自由が認められた明治期以降もカトリック信徒は少数にとどまり、大半は先祖からの信仰を続け、かくれキリシタンとなった。一方、経済発展による生活の余裕は住居や居住空間に表れ、国の史跡や重要文化的景観に指定されるような中・近世の様相はほとんど残っていない。

一九五五年には一万一千人を数えた生月島の人口も、漁獲高の減少傾向とともに減少し、現在は六千人をきった。近年は跡取りも島を出、親父役を務める家の負担などもあって信仰組織が解散をよぎなくされている。かくれキリシタンに関わる人々は、およそ三百人という。

しかし、納戸神や唄オラショに代表されるように有形無形の潜伏キリシタン関連の文化財は非常に豊かであり、生月島キリシタンの里の精神的、伝統的な価値は限りなく大きい。

生月島の唄オラショ

生月島は北部の壱部地区と南部の山田地区に中核集落がある。かくれキリシタンの行事の際にはオラショが唱えられるが、これは神と人間を結ぶ祈りである。オラショには、外国語（主としてラテン語）のものがあり、また日本語訳されたもの、日本で作成されたものもある。生月島のオラショは声に出して唱え、唄うところに特徴があって、黙唱する外海・浦上系とは異なっている。もちろん高らかに唄うわけではないが、声に出す（出せる）理由を考えねばならない。

唄オラショの中で、スペインの古いグレゴリオ聖歌であることが証明された「グルリヨーザ」を紹介しよう。音楽研究家の皆川達夫氏は、スペインでの調査で入手した古楽譜の歌詞・旋律が、唄オラショの「グルリヨーザ」と一致することを発見した。この発見には映画『沈黙――サイレンス――』のプロデューサーも着目し、皆川氏の許可を得て映画に使用した。冒頭部の歌詞を、最も原型を残しているという壱部集落を例に対比させてみる。

◆スペイン聖歌　ラテン語

O gloriosa Domina, Excelsa super sidera,
Qui te creavit, provide, Lactasti sacro ubere.

オラショを唱え、唄う壱部の信徒（左から谷本雅嗣さん、川崎雅市さん、山本善則さん）生月町「島の館」で

◆唄オラショ「ぐるりよざ」

ぐるりよーざ、どーみの、えくせんさ、すうーでらしーでらきてや、きゃんべぐるーりで、らだすで、さあくら おーべり（皆川達夫『洋楽渡来考』日本キリスト教団出版局）

ほぼラテン語の発音どおり唄われている。そして、よくも四百年間口伝えで語り継がれたものだと驚かされる。

四百年変わっていないことの証明に「島の館」中園学芸員がよく例にあげるのは、「ケレド」（使徒信経）という祈りの文句である。『おらしょの翻訳』（イエズス会版、一六〇〇年）では「萬事かなひ玉ひ天地をつくり玉ふ御おやでうすと。その御ひとり子我等が御あるじぜずきりしとを真にしんじ奉る」とあり、生月島で唱えられるオラショ（写本）では「万事に叶い給う天地を造り給いておの親でうすの其の御一人子我等が恩なるぜずキリスタ眞な信じ奉る」（『かくれキリシタンとは何か』弦書房）となっている。オラショの場合近代になって書き記したとき、意味を考え漢字をあてているが、漢字よりも読みの音が大切で、両者を比べるとこれもほぼ同じである。

サンジュワン様の唄と中江ノ島

生月島の山田集落だけに日本語の唄オラショが伝わっている。

オラショというより、行事が終わった後の宴席で唄うもので、それも集落の「御爺役（おじいやく）」（洗礼を授ける長老）が出席している特別な行事・宴席である。宴席での酒はワイン、ご飯はパンを意味する。宴席は監視の役人が踏み込んだときのカムフラージュともいうが、おそらくは娯楽の意味合いも大きかったのではないか。

酒の席に、殉教者をしのぶ唄が出るところがすごい。日本の旋律で作られた「サンジュワン様の唄」と「ダンジク様の唄」の歌詞を『かくれキリシタンの起源』（中園成生、弦書房）から紹介しよう。

◆サンジュワン様の唄

んー　前はな泉水やーなぁー　後ろは高き岩なるやーなぁー

前もなうしろも　潮であかするやーなぁー

んー　この春はなーこの春はなぁー　桜な花かや　ちるぢるやーなぁー

又くる春はなぁ　つぼむ開くる花であるぞやーなぁー

サンジュワン様は殉教地である中江ノ島のこと。潮が洗う岩礁の島を歌詞は表現している。また将来は信仰が許されるとの希望も込められているようだ。

中江ノ島　岩の裂け目から聖水を採取する場所

◆ダンジク様の唄

んー　参ろやな参ろやなぁー　パライゾーの寺にぞ参ろやなぁー　パライゾーの寺とは申するやなぁー　広いな寺とは申するやーなぁー　広いな狭いは我が胸に在るぞやなぁー

んー　柴田山柴田山なぁー　今はな涙の先なるやーなぁー　先はな助かる道であるぞーやなぁー

この唄には、生月島山田集落の潜伏キリシタンの深い信仰と、生活の中の哲学が表れていると思う。「広いな狭いは我が胸に在る」は現代に通じる。「柴田山」は、その断崖下がダンジク様殉教地である。「助かる」はパライゾ（天国）へ救済されることを意味するものだろうか。

さて、生月島のかくれキリシタン信仰組織では、洗礼に使用する聖水を中江ノ島から採取する。全体岩礁の島だが、中央部わずかに船を着けられるところがあり、その付近のそそり立った岩の裂け目に茅の葉や藁（わら）を差し込み、滴る水を入れ物に受けて持ち帰った。日照りで水が出ないときでも、オラショを唱えると出てきたという。

かくれキリシタンとは

江戸幕府の禁教政策によって潜伏をよぎなくされたキリシタンだったが、一八七三年明治新政府は、キリスト教弾圧（明治初期の浦上四番崩れや五島崩れ）に対する欧米諸国の非難を浴びて、キリスト教を黙認した。正式には一八八九年の大日本帝国憲法制定後からである。

この後潜伏キリシタンは、カトリックに復帰する人々、潜伏時代の先祖の信仰を続ける人々、その他の人々に分かれた。かくれキリシタンは先祖の信仰を続ける人々のことをさすが、「かくれ」の背景に、禁教時代に「隠れ」ていた、あるいは一八七三年以後、いつまで「隠れ」ているのか、という意味合いもある。カトリック側からは「旧キリシタン」に復帰をうながす文書も出された。また「はなれ」という言い方があり、「昔キリシタン」という名称もある。

結局のところ「隠れ」という通称を平仮名に変えて研究者やカトリック側が採用し、国選択無形民俗文化財指定の名称も「長崎『かくれキリシタン』習俗」とされている。他に適切な表記がないのかとも思うが、一応ここでは潜伏時代の信仰を継承している人々を「かくれキリシタン」としたい。

世界文化遺産「長崎と天草地方の潜伏キリシタン関連遺産」は、文字どおり潜伏時代が中心であり、近世の絵図や近代の地籍図などを精査して、その集落・田畑・墓地、そこに建てられた教会も含めて立証・検証が行われた。そして当時の信仰形態の解明には、それを継承してきた「かくれキリシタン」

生月島山田教会にある蝶の羽の装飾画

の研究も重要である。

今日「かくれキリシタン」は、生月島のほか長崎市外海地方の出津（しつ）・黒崎や新上五島町中通島の深浦地区にも少数ながら存在しているが、まずは生月・平戸系潜伏キリシタンと、外海・浦上系のそれとの違いを考察する前提として、質・量ともに充実している平戸市生月町博物館「島の館」の展示を次節で概観したい。社会の変化、かくれ信徒の高齢化を受けて、信仰組織が解散を決断し、所持・保管してきた信仰関連聖具は同館に寄贈されることが多い。

ところで、明治期以降カトリック側からの宣教を受けて復帰した人々がいたことはすでに述べた。そうした信徒たちが建てた山田教会・壱部教会は、生月島キリシタンの里に溶け込んでいる。山田教会は教会建築を数多く手がけた鉄川与助設計・施工のロマネスク様式、前庭には聖トマス西の列聖（れっせい）記念碑がある。教会堂の中を拝観すると、蝶の羽で作られた装飾画に驚かされるだろう。

平戸市生月町博物館「島の館」の展示

「島の館」の展示は、「捕鯨」と「かくれキリシタン」が二枚看板だ。

二階展示室の一番奥に、かくれキリシタンの納戸神が先祖の仏壇、お大師様と並存のかたちで復元してある。生月島納戸神の写真が初めて世に出たのは、当時県立長崎図書館長の永山時英『吉利支丹史料集』（対外史料宝鑑刊行会、一九二六年）である。

掲載写真は、聖母子像を描いた「垣内の御前様」（祭壇復元）で、こうしたお掛け絵が垣内や津元と呼ばれる島内各地域の信仰組織のご神体となっている。お掛け絵の絵柄としては聖母子像が一番多く、他に生月島の殉教者「ダンジク様」、大天使ガブリエルが乙女マリアにキリストの受胎を伝える「受胎告知」などがある。「受胎告知」なのにマリアの胸に赤子がいて聖母マリアになっているが、これは何を意味するものか。また、お掛け絵は行事のたびに吊して拝むので、傷みがひどくなると新しく描きなおす。これをお洗濯といい、傷んだお掛け絵も「ご隠居様」として保管される。

ご神体にはメダイもあって、「オコクラ」と呼ばれる小さな木箱に納められている。十六世紀後半から十七世紀初期のキリスト教布教期の古いメダイに混じって、明治期のカトリック宣教活動で配付されたメダイ・ロザリオもあるが、カトリックに改宗しなくても大切にしていたようだ。

生月島では洗礼を授ける長老を「御爺役」といい、聖水を入れたお水瓶は、それ自体ご神体である。

他に葬儀に使う聖具なども展示してある。キリシタンが苦行に用いるオテンペンシャ（小縄を束ねたお道具）は、御爺役によって病気なおしにも使われた。

続いて「お札さま」は、生月・平戸系の潜伏キリシタン集落に伝わって、外海・浦上系にはない、特異なキリシタン信仰具である。およそ五～六センチ×三～四センチの長方形の木札十六枚が一セットで、親札一枚とロザリオの十五玄義を記す十五枚からなる。

「お札の発見は私を驚喜させた」（『昭和時代の潜伏キリシタン』日本学術振興会）と書いた田北耕也（たぎたこうや）は、潜伏キリシタンおよび、かくれキリシタン研究の先駆者・功労者である。本書でも、たびたびその学恩を受けている。一九三〇年長崎のミッションスクールに勤務していた田北は、外海黒崎村においてカトリックでもない、仏教徒でもないキリシタンの家が存在することを発見した。さらに一九三二年にかけて生月島、平戸島、五島列島を調査してまわった。交通がきわめて不便な当時、離島・半島での彼の調査活動は驚異的であった。長崎ではコルベ神父とも縁があって、彼自身カトリックに改宗した。

「島の館」展示
「垣内の御前様」（祭壇復元）

平戸島・生月島のお札さま

「お札さま」は、もともとロザリオの十五玄義を学び、祈るための信仰具と思われる。ロザリオの十五玄義とは聖母マリアの一代記で、第一玄義の受胎告知からキリスト誕生、磔刑（たっけい）、復活、マリア被昇天にいたるまでの十五の玄義を、喜び・悲しみ・栄え（グロリヤ）の三種に分けて表現する。別名マリア十五玄義ともいう。

これを絵画で表現したものが、イエズス会の画工舎制作と思われる「マリア十五玄義図」で、大正期と昭和初期に高山右近ゆかりの千提寺（せんだいじ）と下音羽（大阪府）で発見された。その下部にはイエズス会のロヨラとザビエルが描かれている。また、外海の出津村に伝えられた「マリア十五玄義図」（原図は原爆で焼失）にはアッシジのフランシスコが描かれている。

出津に伝わった「マリア十五玄義図」
（『日本初期洋画の研究』より）

「お札さま」は、小さな木札片面にオラショ「十五くだり（観念）」の文言が墨書され、喜び五枚、悲しみ五枚、栄え五枚と、「あめん」など記した親札一枚からなる。もう一面には十字模様が描かれ、写

「お札さま」16枚の木札（平戸市切支丹資料館展示）

真のように数字の四と五は一が四本・五本で表示されている。ロザリオの十五玄義をこうした信仰具にしている類例は世界的にも見出せないらしい。田北は「お札」の解説を『カトリック大辞典』（冨山房、一九四〇年）の「はなれ」の項で初めて発表した。

さて、平戸・生月の集落において数軒〜十数軒の小組（コンパンヤという）のご神体として祀られる「お札さま」に、田北はドミニコ修道会との関連を考えていたようだが、同会による平戸・生月布教は確認されていない。小組で行われる「お札さま」の行事は、袋の中の木札を引いて役割（当番）を決めたり、また吉凶を判断する「おみくじ」としても使われるようになった。

宗教学者・宮崎賢太郎氏は、表面はきわめてカトリック的だが、本質はきわめて日本的な民衆宗教であり、「カクレキリシタン信仰の変容の姿を如実に示す好例」とした（『カクレキリシタンの実像』吉川弘文館）。氏は著書・論文で一貫して「カクレ」というカタカナ表記を使用し、「かくれ」信仰はカトリックとは似ても似つかぬ民衆宗教であると結論づけている。

世界遺産登録後の平戸

聖地・中江ノ島、春日集落と安満岳は二〇一八年に世界遺産に登録された。平戸市街地は自動車専用道路から一時間近く離れており、交通アクセスがいいとはいえない。それでも世界遺産登録後は確実に訪れる人が増えているようだ。筆者は九月に安満岳で千葉県から来た二人に会い、春日集落の案内所「かたりな」では静岡県からのグループが一緒だった。もともと平戸市や五島列島の各構成資産に大勢で押しかけるのは不似合いで、息長くこの状況が続くことが求められる。

構成資産となった潜伏キリシタン集落のうち、春日には教会がない。それだけに田んぼ約四百枚からなる棚田の耕作と景観保全、そのための人の確保は欠かせないが、一軒あたり二十枚前後の耕作は厳しい。

八十一歳の綾香和枝さんは田畑を耕すことはもちろん、車をバリバリ乗り回す強者(つわもの)である。平戸市の職員から「かたりな」に詰めることを頼まれたとき、最初は乗り気でなかったが、人家が減って寂しくなった春日の里が変わるきっかけになるかもしれないと引き受けた。現在は、こうやって人が来てくれるだけでうれしいという。二十年前に男の「キリシタン講」はなくなったが、十一軒の「おなご講」は現在も続いており、毎年正月十五日に寄りがあってご馳走がふるまわれる。二〇一九年は和枝さんの家が当番だった。

オーロ・イキツキ・サリー号から見た中江ノ島

九十三歳の綾香クニさんは春日の南五キロの獅子町出身、春日で大正生まれは私一人、春日に嫁いでよかったと言われる。みんなで助け合うところがいいそうだ。夕方五時半、電動アシスト自転車で颯爽と帰っていかれた（年齢は二〇一八年当時）。

生月島にも変化がある。聖地・中江ノ島は生月島東岸のどこからでも見えるが、所有者もいて勝手に上陸することはできない。世界遺産登録後は、乗合もしくはチャーターで島の近くまで周遊する船が整備された。オーロ・イキツキ・サリー（黄金に輝く生月）号という。この船は生月大橋をくぐって、春日集落の入江にも航行できる。海が時化る冬季は制限されるだろうが、ガイドも待機しており、運航の継続が期待される。

中江ノ島は春日にとっても聖地である。春日町まちづくり協議会の寺田一男会長によれば、祖父寺田作太郎は明治期末の生まれ、中江ノ島にお水採りに行き、春日の子どもに「お水かけ」（洗礼）をしていたという。作太郎が唱えていたオラショだが、現在は唱える人がいない。

第三章

人・モノが行き交う外海地方のキリシタン集落

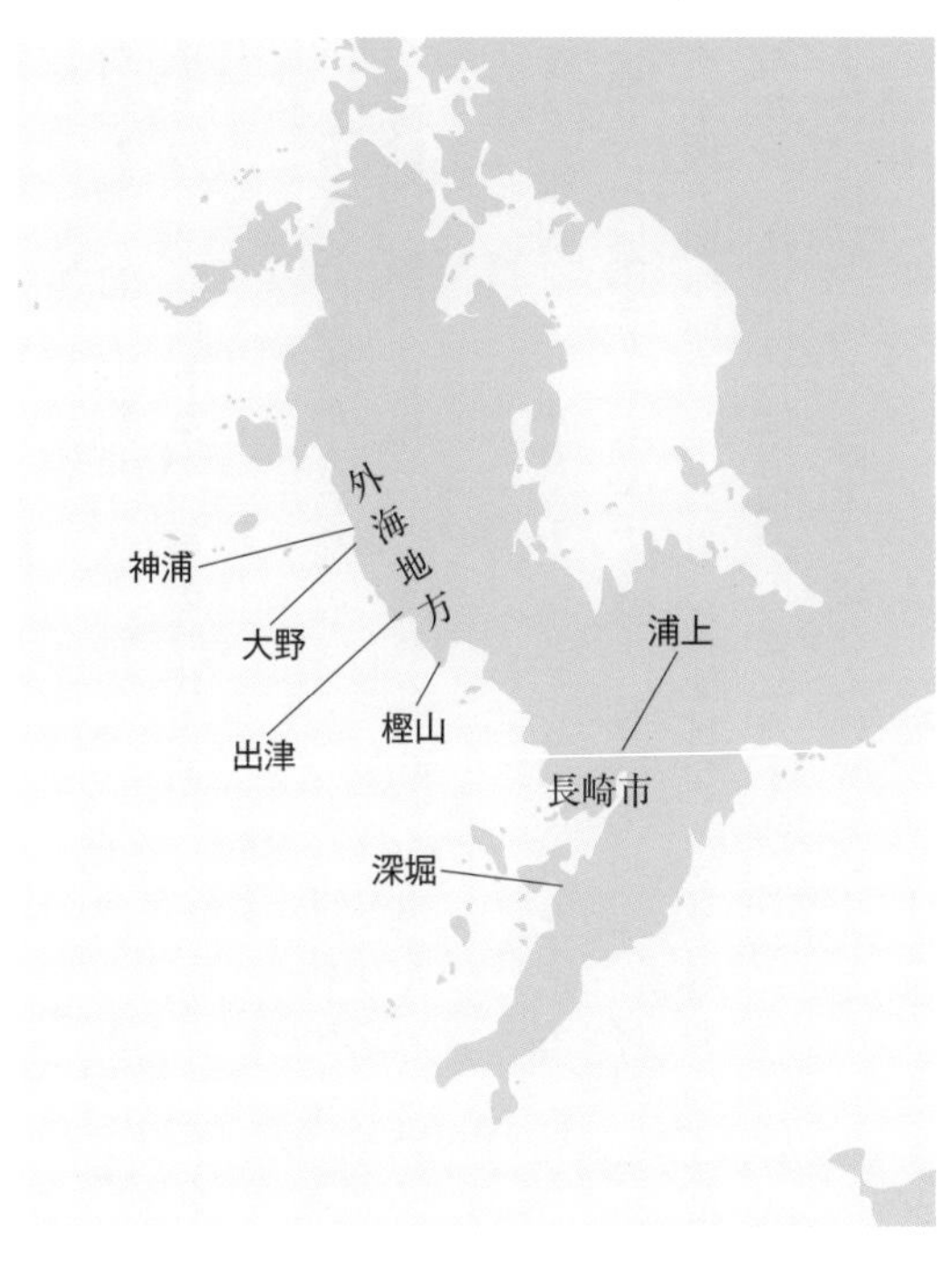

人とモノが行き交う外海

潜伏キリシタンの里として知られる「外海」地方は、長崎市の西北部から西海市南部にかけて西彼杵半島沿岸部に広がっている。現在は「そとめ」と呼ばれるが、戦国時代末期には「ほかめ」という呼び方もあった。

大村藩が編纂した詳細な地誌「郷村記」をもとに、外海地方の地名を北から南へ列挙すると、瀬戸村、雪浦村、神浦村（大野）、黒崎村（出津・牧野・黒崎・永田）、三重村（樫山）、陌苅村となる（カッコ内はキリシタンの居住が顕著な地域）。

外海を地理的歴史的に眺めると、人、モノ、情報・文化が行き交う交差点に位置している。南北方向をみると、西九州沿岸に廻船ルートが通り、薩摩国から天草（牛深）、長崎半島先端の樺島、外海（瀬戸）、平戸島東岸（田助）を経て呼子や下関方面へ向かう。外海の神浦村などにも大型和船が数艘あって、廻船の一翼を担っていたと考えられる。江戸時代は海運が主要交通手段であった。風待ち時化待ちの港で歌い踊られるハイヤ節は、牛深、樺島、田助、呼子に現在も残っている。

東西の視点で、東方へ向かうと大村藩領滑石村・浦上北村などを経て天領の浦上村に到る。その浦上村に次のような伝承があった。

浦上村の西にそびえる岩屋山に三度登って外海樫山方向を拝むと、樫山に行ったことになる、樫山

樫山の赤岳　鉄分の酸化により赤くなった山肌

に三度行くとローマの教会（サントエケレンジャ）に詣でたことになる、というのである。樫山の赤岳は外海の潜伏キリシタンにとって聖地であり、浦上・外海からすると、はるか西方にローマがあった。

外海・浦上系潜伏キリシタンは、「御帳（おちょう）」というキリシタン暦を信仰の中心に、それをつかさどる「帳方」、洗礼を授ける「水方」が組織を運営し、ともに「マリア観音」を拝み、許しのオラショ「こんちりさんのりやく」も伝わるなど共通項が多い。

浦上村の潜伏キリシタンは、明治以降大半がカトリックに改宗した。しかし、同村家野（よの）郷には「かくれキリシタン」数十戸が存続し、組織が弱くなると、外海から「爺さん」（帳方・水方）を呼んで洗礼を授けていた。外海と浦上村の間には、かくれ信徒の連絡網が存在していた。

一方、外海西方には、角力灘（すもうなだ）・五島灘を隔てて五島列島が横たわる。十八世紀末から外海の大村藩領民が多数五島へ渡った。

大村藩領と佐賀藩深堀領が混在

所領混在の状況を大村藩の地誌「郷村記」黒崎村の項は「深堀領 佐嘉の領内 入会有て、田畠・山林・人家数ケ所に散在す」と記す。このため大村藩領では禁教政策が徹底しなかったとよくいわれる。同書によって大村藩そして黒崎村の禁教政策関係を具体的にみてみよう。

郡崩れのために存亡の危機に直面した大村藩では、絵踏みや檀家制度の徹底は基本政策である。一般的に各村には横目役所が置かれ、在村武士の横目がキリシタン監視をはじめ治安状況全般を報告する仕組みになっていた。また、庄屋屋敷（役所）には代官手代（在村武士）が赴任して庄屋業務を担当した。

ところが、黒崎村には横目も代官手代もおらず、南隣りの三重村の横目・代官手代が黒崎村の業務を担っていた。黒崎村は蔵入（藩直轄地）が石高六十七石余、それに対して家老クラスの私領が百二十石余、つまり蔵入が小さいので藩の地方支配の役職が置かれなかったらしい。まとまった私領には、村目付・私領庄屋が置かれるが、これも三重村にあって黒崎村には存在しない。黒崎村の潜伏キリシタンについては、深堀領混在の影響だけでなく、こうしたことも考慮する必要がありそうだ。

ちなみに、黒崎村・三重村にまとまった私領を有していたのは浅田大学と大村靭負で、浅田大学は天正遣欧使節としてローマへ行った千々石ミゲルの子孫筋にあたる。

絵踏みについて「郷村記」黒崎村をみると、人件費や筆紙墨代など費用として銭十七貫百二十文が計上され、村民一人あたり銭十二文の負担となっている。周辺他村の負担は六文から十四文まであるが、すべての村で絵踏みは行われている。

一方、深堀領においては、絵踏みはなかったといわれている。領主・深堀氏は佐賀藩の家老で、知行地はおよそ六千石。領主の館は長崎市街から南西の深堀にある。鎌倉時代以来の地頭領主から小戦国大名に成長し、水軍も保有して貿易都市・長崎を脅かし、大村氏と対立していた。それが秀吉の海賊禁止令によって取りつぶしにあい、朝鮮出兵では佐賀の鍋島直茂軍に加わって出陣したらしい。その後鍋島の姓を与えられ、深堀鍋島家として佐賀藩に仕えた。

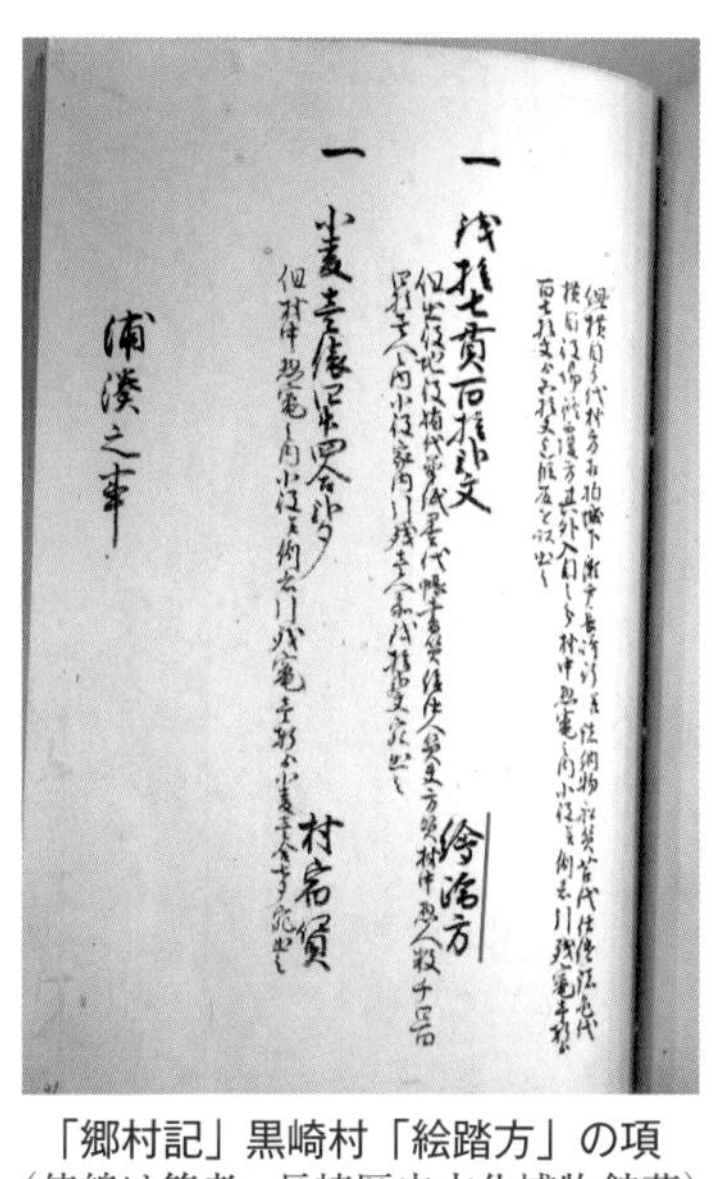

「郷村記」黒崎村「絵踏方」の項
（傍線は筆者。長崎歴史文化博物館蔵）

知行地の一部が外海地方にあって、「三江（みえ）村々」とも総称される。佐賀藩作成の絵図には「三重樫山村・同平村・永田村・黒崎村・賤津（しつ）村」とあり、いずれも大村藩領に隣接というより、大村藩領に囲まれた飛び地である。

なぜ三重・外海地区に飛び地が設定されたか、よくわかっていない。大村藩領の中に深堀領があるだけでなく、深堀領の中にも大村藩領がある。絵図をよく見ると、田畑一筆ごとに大村・深堀が色分けされているところもあり、耕作する百姓によって領主も異なっている。ともあれ、三重・外海地区から佐賀鍋島軍に参じて、朝鮮に出陣した武士の所領が関係しているようだ。

深堀領のキリシタン関係史料は少ないが、『佐賀藩深堀日記』（平幸治、長崎文献社）の慶応三（一八六七）年九月前後にキリシタン取り締まり記事がある。これは、浦上の秘密教会が急襲され、信徒の主だった者が捕らえられるなど、いわゆる浦上四番崩れが急展開し（詳しくは後述）、長崎奉行所と連携した情報収集が必要になったためと思われる。

深堀側が調査した「異宗門方一件」を紹介しよう。深堀領行政組織の中心である請役所に異宗門取締方心遣請持が設置され、三江村々と長崎港外の伊王島が取り締まりの対象地域となった。異宗（邪宗）信仰者を黒党、そうでない者を白党という。三江村々担当の田代伝右衛門は現地へ出向き、異宗信仰者の動静を次のように報告した。〔　〕内は筆者注。

▽深堀の菩提寺隠居・素龍和尚による天福寺での説法に、黒崎村・出津村の異宗信仰の者たちは妻子のみで、本人は一人も来なかった〔村民は三重樫山にある天福寺檀家〕

▽異宗門信仰戒十ケ条

第一　御一体之天帝を敬テ奉拝事

第二　デウスノ御名ニ懸ケ空敷違〔誓？〕不申事

第三　御親共へ孝行する事

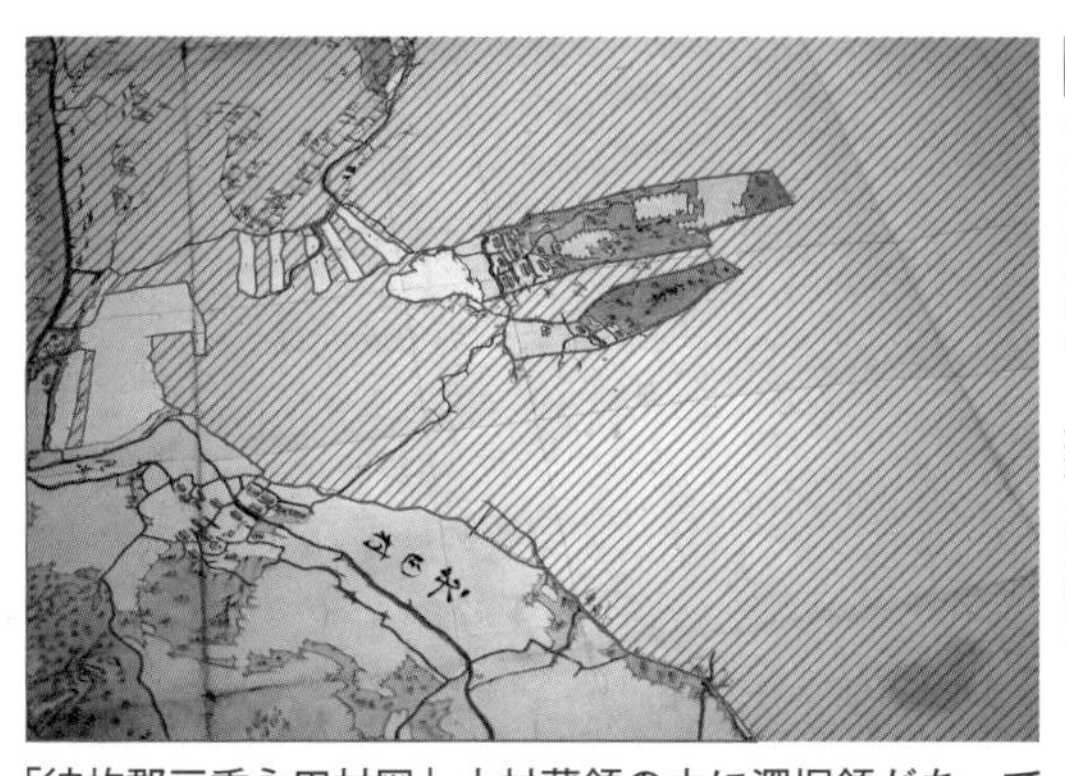

「彼杵郡三重永田村図」大村藩領の中に深堀領があって混在している（原図は長崎歴史文化博物館蔵）

第四　人を殺不可（ころすべからざる）事
第五　人ニ不懸讒言（かけざるざんげん）事〔以下略〕

▽黒崎村峠の長太のところへ浦上村異宗門信仰頭分（かしら）の者が一両日滞在していた、今後旅人を泊めないように申し渡す

▽八月十一日・十八日〔旧暦〕は寄合日にて、百姓・漁師その他みんな稼ぎを止める〔寄合日は日曜日のこと〕

▽耕作を怠る黒党の者の田畑が荒れているので、庄屋・辰右衛門を指導した

他に、なにかあればフランスに渡り自由な職業に就ける、それができないときは軍船を呼んで戦争だとフランス人が言った、という戯れ言も報告されている。辰右衛門は「異宗ニ不傾（かたむかず）」とあるが、次節の「野中騒動」が関係しているようだ。この後、佐賀藩の方針が変わって急に取り締まりが厳しくなり、十二月十三日（旧暦）の記事には「不残改心」させ、仏体と書物を差し出させた、とある。

聖画と野中騒動

佐賀藩深堀領出津村の潜伏キリシタンの家に伝わった「聖ミカエル図」、「マリア十五玄義図」（第二章98ページ参照）、「雪のサンタマリア」（第三章115ページ参照）などは、深堀領だったから秘匿が可能だったといわれている。通称「大天使ミカエル」と「マリア十五玄義図」は、明治になって出津教会に掲げられ、その後浦上教会に移されていたが、原爆で焼失した。

「マリア十五玄義図」にはアッシジの聖フランシスコが描かれており、「無原罪の聖母図」と同じくフランシスコ会布教の跡をうかがわせる。

もともと外海地方では全面的にイエズス会による布教が行われていた。「雪のサンタマリア」（現・二十六聖人記念館蔵）はイエズス会系の画工舎で西洋画の技法で描かれたとされている。確認されているものだけで、おそらく十七世紀前半に描かれ秘匿されてきた大形聖画が四点、他の深堀領や大村藩領では発見されていない。

さて、これらの聖画のうち二点が、慶応三（一八六七）年田植え時に起こった騒動に巻き込まれた。浦川和三郎神父の著作『切支丹の復活　後編』（日本カトリック刊行会）に騒動の経緯が書かれている。

大浦天主堂におけるプティジャン神父の信徒発見は後述するとして、そのプティジャン神父が一八六五年九月に出津を訪れてからキリシタン信仰熱が高まっていた。深堀領では緩やかだった取り締まりも情勢が変化しており、懸念した庄屋や村役人は信仰熱の沈静化をはかろうと「聖ミカエル図」「マリア十五玄義図」を取り上げたところ、持ち主はじめ信仰急進派と乱闘になったという。庄屋や村役人が集まった家が野中集落の木村市之助宅で、ここに急進派が押しかけたので、野中騒動といわれている。

聖画は持ち主に返され一応収まったが、この騒動によって、ほぼ全員がキリシタンだった出津村民に、庄屋・村役人ら穏健派とカトリック復帰を急ぐ急進派という亀裂が生じた。

『佐賀藩深堀日記』には、庄屋の辰右衛門が鰯網を仕出していたことが記されている。外海の斜面地の畑では芋・雑穀を作るほかはなく水田もわずかだから、農業の稼ぎだけでは苦しい。鰯網は貴重な現金収入であったが、その網船に急進派が乗らないという。辰右衛門は網船を同じ深堀領の樫山村に差しまわしたところ、今度は急進派の生計が困ることになった。こうした亀裂が信仰面においては近・現代に影響している。

通称「大天使ミカエル」
サタンを槍で突こうとする図
（『日本初期洋画の研究』より）

秘書「天地始之事」

外海・浦上系の潜伏キリシタンに、秘密の聖書ともいうべき「天地始之事（はじまり）」が伝えられてきた。その内容は旧約聖書のアダムとエバ、新約聖書のイエスの誕生から処刑、マリア十五玄義、そして普段唱えているオラショなどキリスト教の基本知識と信仰で構成されている。また地域の伝説もちりばめてあり、潜伏の時代に口伝えで語り継がれた、いわゆる語り物という。

それでも江戸後期の文政十（一八二七）年の書写本などが発見されており、この他明治・大正期の写本・異本もあるが、このうち深堀領樫山村の帳方の家に伝えられた写本が『キリシタン書・排耶書（はいやしょ）』（日本思想大系25、岩波書店）に収録されている。校注者は田北耕也である。標題を並べて、あらすじをみてみよう。〔　〕内は筆者注。

天地始之事
まさんの悪の実〔禁断のリンゴ〕中天に遣（や）る事
天帝〔デウス〕人間を為助（たすけんため）、御身〔イエス〕を分けさせ給事
羅尊（ろそん）〔ルソン〕国帝王死去之事
さんた丸や〔サンタマリア〕御艱難（かんなん）の事
朝五ケ条の御らつ所〔マリア喜びの五玄義〕の事

「天地始之事」を暗唱していた紋助爺（最後列左端）
（1928年撮影。松尾昌幸氏蔵）

べれんの国よろう鉄〔ヘロデ王〕、国中吟味する事
よろう鉄より御身を取に来る事
御主かるわ竜ケ嶽〔ゴルゴタの丘〕に連行奉事〔以下略〕

これらの標題だけみても、一貫してキリスト教的な内容で、聖母マリア関連の記事も目立つ。この一万数千字もの長大な秘書が、口伝えで語り継がれたことに驚く。そして田北は、「天地始之事」を全部暗誦している九十一歳の紋助爺（外海黒崎では紋七爺）に会ったことを回想している（一九三二年）。

この物語は写本の残存状況からして、田北がいうように外海地方で成立したと思われる。天帝はエバの子どもたちに対して、下界に「合石」という石があるので、そこを訪ねて住むと恩恵が得られると指示している。その読みが大切だが、「ゴージャク」「大ぢゃく」とあり、またオウジャクとも読める。田北はこれを温石の外海方言と解釈した。

外海地方の地質をみると、結晶片岩系が広く分布し、蛇紋岩・滑石、安山岩、玄武岩等もある。このうち最も有益なのは熱に強く軟らかい滑石で、石鍋に加工され、中世には全国に流通した。おそらく合石は滑石であろう。懐炉（かいろ）に使う温石にもなる。

オラショを黙唱する外海地方だが、「天地始之事」は潜伏キリシタンの寄合で、「そもそもデウスと敬い奉るは、天地の御主、人間万物の御親にて、まします也」（『キリシタン書・排耶書』より、以下同じ）と、浄瑠璃みたいに語られたのではないか。興味深いところを抜き出してみる。

ろそんの帝王から求婚されたときのこと、丸や〔マリア〕は「天にむかって祈誓（きせい）をかけ、頃は六月暑中なるに、ふしぎや、にわかに空かきくもり、雪ちらちらとふり出、まもなく数尺つもりける。〔皆が驚いている〕此暇に天より花車に打のり、すぐにびるぜん〔処女〕丸やは御上天ぞなさりけり」

天帝は喜んで「雪のサンタマリア」と名づけ、また天から下らせた。

天帝は蝶の姿で丸やの口の中へとび入り、丸やは懐胎した。我が家へ帰ると、親から懐胎を見とがめられ、家を追い出された。丸やは難儀を重ねて

「べれんの国にぞまよいゆく。かかる所しきりに大雪ふりいだし、しばらく身をばやどらんと、牛馬の小家の其間に、身をちぢまして凌がせける。〔中略〕夜半比に御誕生、則御身〔イエス〕様これなり。さて寒中ゆへ、御身凍らせたもふを、左右牛馬息をつきかけ、其かげ〔お陰〕にて御体あたたまり、さむさを凌がせたもふ」

爺役（じいやく）は力をこめて語ったに違いない。また、語り継ぐうちに少しずつ表現が変わったり、付け足さ

れたりもしたようだ。

全体をみても表現は語り調で、カトリックの立場からすると、悪魔と戦う大天使ミカエルが罪をただす役割になっているなど教義的にも違和感があったらしい。プティジャン神父は一八六五年四月に、浦上村に伝わっていた「天地始之事」を提供されているが、同僚の老神父は無知な潜伏信徒による誤訳・間違いがあり、地域の奇怪な伝説を織り込んだ、取るに足らない変容したものと評価した。その一書の行方はわからない。

一方、民俗学者の谷川健一は潜伏キリシタンに寄り添う立場で、外来のキリスト教思想を日本化した「天地始之事」を高く評価し、敬愛の念を抱く。

深堀領出津村に伝えられた
「雪のサンタマリア」
（日本二十六聖人記念館蔵）

先ごろ地質専門家の川原和博氏の案内で、実際に外海地方を回って教示を受けた。出津の北、神浦から雪浦にかけて蛇紋岩に伴う滑石が分布している。

また、一六〇六年大村藩が禁教に転換するまで、神浦には次節に述べるレジデンシア（宣教師駐在施設）があったことを注記しておく。

外海から希望の海を越えて

今日外海のキリスト教世界は出津・黒崎が中心となっているが、潜伏の時代はこれに神浦を加えたい。「郷村記」神浦村の項に、寛政の始めより五百人余が五島へ移住とあり、幕末時点で「神浦居付（いつき）」（神浦から五島に居付いた）の集落が数ヶ所存在するとある。それらは幕末・明治初期の史料から潜伏キリシタンの集落であることがわかっている。

現在、世界遺産に指定されている大野集落を除く神浦には、旧かくれキリシタンも含めてキリスト教徒の住民はほとんどいない。しかし、江戸時代後期に最も多くの移住者を出した神浦村である。五島へ移住した潜伏キリシタンは、信仰組織ごと移住したとみることができるだろう。

ここで前節の「天地始之事」の成立について推測すると、神浦レジデンシアではイエズス会の神父・修道士が集まって日本語学習が行われていたというから、学習に参与した日本人信徒の間にはキリスト教の教理・知識が蓄積されていったと思われる。一六〇六年にレジデンシアが閉鎖されても、禁教下において一六三〇年ころまで宣教師による秘密の巡回が行われていた。

「天地始之事」は全面的にキリスト教の教理・知識が基礎になっており、神浦は成立した土地として有力ではなかろうか。

さて、五島への移住については、九州大学大学院の岩崎義則准教授の研究を参照したい。

外海から見た五島列島　手前は池島、遠方に中通島が見える

寛政九（一七九七）年、大村藩領民を五島に移住させるという協定が大村藩と五島藩の間で結ばれた。この協定によって、外海の黒崎村・三重村から百八人が五島の福江島へ移住したのが公式移住の最初である。協定の背景を、送り出す側の大村藩からみてみよう。

移住者の大半を出している外海地方は、山がちで平地の田畑は狭い。しかし、段々畑で作られる肥前芋（皮が白いサツマイモ）は、水はけがよければよく育ち、食糧としては十分である。享保の大飢饉のとき大村藩では一人の餓死者も出さなかった。

大村藩領外海の潜伏キリシタンは檀家制度のもとでほとんど浄土真宗門徒になっているが、どちらの教えでも堕胎は禁じられている。大村藩は過剰人口への対策として、分家を抑制し、産児制限を強制した。俗にいう間引きである。「郷村記」黒崎村の項に記される「子捨河（こすてがわ）」は、それを表すものかもしれない。家族を持ちたいという外海の領民にとって海の向こうには希望があった。

かくて「五島へ五島へと皆行きたがる、五島やさしや土地までも」という俗謡が歌われた。

もう少し具体的に人口抑制策を紹介しよう。大村藩では三十歳未満の婚姻を禁止し、田畑は単独相続を原則として分家を認めなかったが、徹底していなかった。外海地方は、幕末期の人口で神浦村が五千人を超えているのをはじめ、海運・廻船の産業が盛んな瀬戸村や三重村も三千人を超えていた。これは隣接の平戸藩領の人口と比べても際立って多く、貧困の拡大を懸念した大村藩は、分家容認の条件として多額の銀銭納入を義務づけるようになった。

一方、受け入れる五島藩には人手が足りないという事情があった。五島列島海域は魚の宝庫であるが、漁村集落に対する米穀や薪・木炭などの供給、また海産物の販売も併せて藩経済は成り立つ。福江島・久賀島などに多少の新田開発可能な土地があっても人手がない。そのうえ、当時全国的な傾向ではあるが、五島でも疱瘡（天然痘）が流行し、藩当局は苦悩していた。移住協定の背景には、大村・五島両藩の人口問題があったのである。

こうした情勢のもと外海からの移住が継続して行われた。外海の瀬戸から江島（えのしま）、平島（ひらしま）つたいに角力灘（すもうなだ）・五島灘を渡る廻船ルートがあって、小さな船でも比較的容易に航行できる。大村藩公認の移住者は宗門切手（手形）を持参した。そこには大半真宗門徒と記してあったはずだ。

条件の良い土地には五島領民が住んでおり、居付き先の自然環境はきわめて厳しい。やせた急傾斜地、冬の季節風が厳しい土地、なにより既存の集落と住み分ける必要があった。移住者は協働して段々畑を造り、防風林・防風石垣を整備・構築し、苦労して自分たちの生活空間を創り上げていった。

急傾斜面に営まれた新上五島町江袋（えぶくろ）集落の遠景

彼らが潜伏キリシタンだったことは、明治になって集落に建てられた教会も証明している。また、患者を隔離する疱瘡小屋があったところの近くに集落を営んだ事例もいくつかあって、信仰を隠す意図があったことを推測させる。

大事な食糧だが、外海の人口を支えた肥前芋は五島でも同様であった。カンコロ（切り芋を干したもの）にすれば保存食料になり、ゆで干しカンコロやカンコロ餅への加工・工夫は芋の生活文化である。

五島藩の人口は、一七九三年の二万九四五四人から四十六年間で約六千人増加した（岩崎義則氏の教示による）。外海からの移住の影響が大きい。

中には移住がうまくいかなかった者たちもいたらしく、それは「五島極楽、来てみて地獄、二度と行くまいあの島へ」という俗謡になった。

外海潜伏キリシタン文化資料館

二〇一七年三月、黒崎教会の下に小さな資料館がオープンした。館長は松川隆治（たかはる）氏。彼の人脈は広く、人柄を信頼され託されたキリシタン資料が展示してある。八十歳近い年齢でも、なお外海地区連合自治会会長（当時）、枯松（かれまつ）神社保存会代表、長崎・外海キリシタン研究会代表等を務めるかたわら、ボランティアで外海の案内にも努めている。

黒崎の住民は大半潜伏キリシタンだったが、近代になって旧大村藩領ではカトリックに復帰した人々が多く、旧佐賀藩深堀領の場合天福寺（てんぷくじ）檀徒のまま「かくれ」信仰を続けた人々と天福寺を離れた「かくれ」の人々、そしてカトリック復帰の人々、その他に分かれた。松川氏は天福寺檀徒で、元かくれキリシタンという立場である。黒崎・松本集落の信仰組織の帳方を務めた先祖もいた。

現在、かくれキリシタン組織は天福寺を離れた組織が黒崎と出津に一組ずつ残っているだけで、他は解散している。先祖から大切に受け継がれ、竹筒などに入れられた聖具やオラショ写本の一部が、この資料館に展示されているわけだ。

それでは資料館に入ってみよう。ＩＨＳ（イエズス会を表す）の聖骨箱と思しき聖具が展示されている。イエズス会布教期の十六世紀末から十七世紀初期にさかのぼるものらしい。バチカンでフランシスコ教皇にもお見せしたとうかがった。

IHS（イエズス会）の聖骨箱と思しき聖具
（松川隆治氏蔵）

ロザリオも数点展示されているが、これらはパリ外国宣教会が幕末・明治期に配付したものと思われる。同じころ同会が浦上村で配付し、浦上四番崩れの際、長崎奉行所が没収したロザリオは重要文化財になっているが、それとまったく同じロザリオ（黒崎・河内（こうち）の下川家旧蔵）がここにもある。

写本類では、日本人伝道士・バスチャンが伝え、日繰りの仕方を教えたというキリシタン暦「バスチャン暦（こよみ）」（三重地区垣内（かきうち）の松崎源右衛門氏旧蔵）や、許しのオラショ「こんちりさんのりやく」があり、また「マリア観音像」（黒崎・湯穴（ゆあな）の出口家旧蔵）も展示されている。

この資料館の特色は、なによりわかりやすい解説にある。ここに来れば、外海潜伏キリシタンの概略はわかるのではないか。併せて、多くのキリシタン資料が展示されている長崎市外海歴史民俗資料館も見学していただきたい。前庭には、遠藤周作『沈黙』の記念碑（第二章77ページ参照）があり、海の向こうに五島が見えるかもしれない。

外海のキリシタンの里

黒崎以外の集落についても概略紹介する。

近代になって、出津は旧大村藩領・深堀領ともカトリック改宗者が多くを占めた。そこにド・ロ神父が赴任してきたのである。ただ、野中騒動が影響したのか、旧深堀領では「かくれ」信徒五十～六十戸が潜伏時代の信仰を継承し、現在も野中の木村友好氏が帳方を務める組が存続している。

出津とともに世界遺産に登録された旧神浦村大野郷も潜伏キリシタンの里であった。江戸時代後期には一部が五島に渡り、近代になって二十六戸がカトリック信徒になった。大野教会は、一八九三年ド・ロ神父によって建設された一見民家のような造りの教会だ。特徴は、玄武岩の割石を赤土・石灰・砂・水を適切に混ぜた漆喰モルタルで固める、いわゆるド・ロ壁にある。教会建設に際して信徒が「早うドロば上げろ、ドロば上げろ」と催促すると、ド・ロ神父が「たまには土(つち)と言いなさい」と笑わせたとか。

大野郷には帳方・水方を中心とした「かくれ」の信仰組織は存在していない。中心的人物が五島へ渡っていないのか、五島へ渡った神浦本村(ほんそん)の信仰組織のもとにあったのかは不明である。一九三八年の枯松神社建設に際しては、全寄付者四百三十戸のうち百二十一戸が大野郷で、多くの「かくれ」信徒がいたことは確かである。伝承では、山本姓の人たちは先祖が生月(いきつき)島出身という。

ド・ロ壁で建てられた大野教会

同じく寄付者のうち大野についで多いのが樫山の百十四戸である。国道202号から海岸の方に少し入ると、急にまとまった集落が現れる。この景観は潜伏キリシタンの里にふさわしい。左手が赤岳の麓の東樫山、旧佐賀藩深堀領である。道路や樫山川を挟んで右手が西樫山、こちらは旧大村藩領である。赤岳はキリシタン暦を教えたというサンジュワン神父と、弟子のバスチャン伝道士にまつわる聖地だった。

東樫山には天福寺（曹洞宗）があって、潜伏の時代はキリシタンと共存していた。例えば葬儀の際、読経が済むと僧は意図的に退席し、その後オラショが唱えられたという。明治期以降も「かくれ」の信仰を続けてきたが、現在信仰組織はなくなっている。それでも年配者はドメイゴスなど自分たちの洗礼名を明確に憶えている。

一方西樫山は、少数がカトリックに改宗したが、多くは三重の正林寺（浄土真宗）門徒で、洗礼名の記憶も薄れている。お盆には、たくさんの提灯で飾った精霊船（しょうろうぶね）を作って海に流す。

ド・ロ神父と出津

マルコ・マリー・ド・ロ神父は、一八四〇年フランスのノルマンディー地方にあるヴォスロール村で生まれた。現在の人口は三百人台の小さな村である。神学校を卒業して司祭となり、一八六七年パリ外国宣教会に入会、翌年パリに帰っていたプティジャン神父とともに来日した。大浦天主堂での信徒発見に触発されての来日という。折りしも日本は浦上四番崩れのただ中であった。

長崎・横浜・浦上で活動した後、ド・ロ神父が出津に赴任したのは一八七九年、そこは斜面地が大半で段々畑に芋・雑穀を植え、かたわら鰯網など漁業にも従事する貧しい信徒がいた。ド・ロ神父は私財を投じて、医療、教育、産業など多方面にわたって外海の住民を導いた。彼には多額の遺産があり、長崎の十八銀行に預金されていた（「ド・ロ神父日日録」）。

彼は医師・薬剤師であり、教育者であり、農業および農産加工の指導者であり、建築家でもあり、そして司祭であった。ヴォスロール村で貴族の父から厳格な指導を受け、神学校でもいろいろな技術・技能を習得したらしい。その業績はド・ロ神父記念館に概略展示してある。具体的には、教育の面で田口芳五郎枢機卿（すうききょう）と里脇浅次郎枢機卿の二人が出津から出たこと、また今日も「ド・ロさまそうめん」やパスタにその名が残り、建築物として出津教会や大野教会も身近に見学することができる。

ド・ロ神父は、ヨーロッパ近代の合理主義精神をもって、信徒とともに生活改善に取り組んだ。「ド・

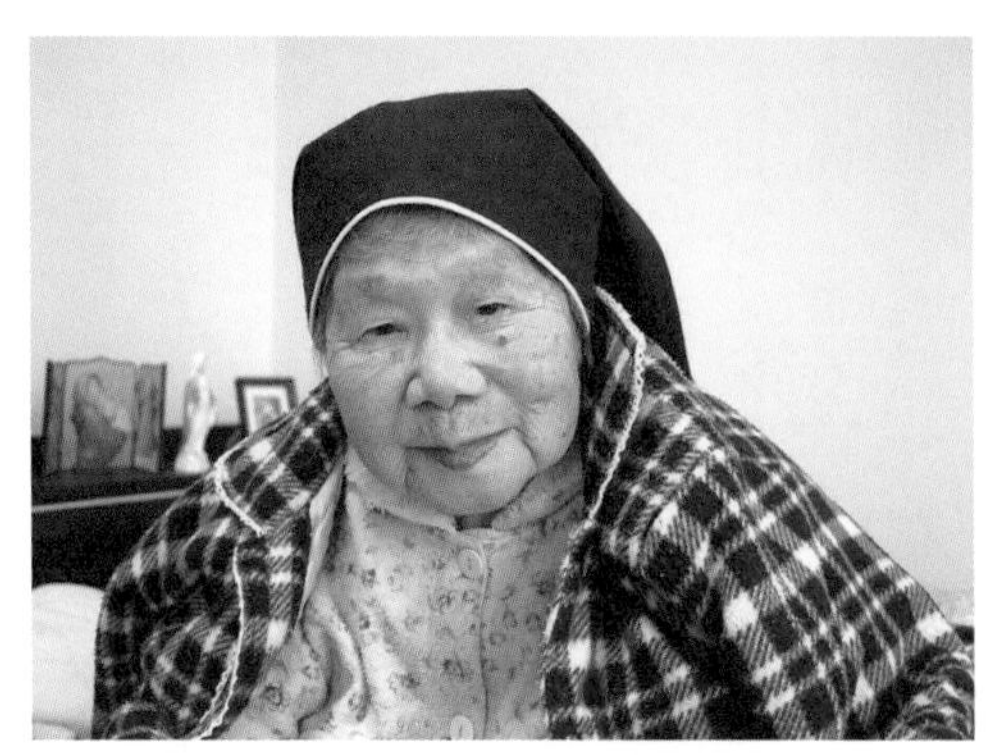

橋口ハセ シスター100歳のとき
（2019年3月お告げのマリア修道会出津修道院にて。
2020年8月19日帰天、101歳だった）

ロさま」と敬愛され、慕われるのは、いつも信徒とともにあったからである。彼は一度も故郷に帰らなかった。

ド・ロ神父記念館で、神父がフランスから取り寄せたオルガンを弾いていた橋口ハセシスターに話をうかがったことがある。二〇〇九年当時九十歳だった橋口シスターは、母から受け継いだド・ロ神父の教えを生き生きと語ってくれた。この村から司祭・修道女を出すためにはお母さんの教育が大切、娘さんがお嫁に行くときは支度をしてくださった、普段は芋やカンコロなのにそのときは米のご飯やソーメンが祝福のご馳走として出された、という。また、神父は歌を作ってみんなを励ました。

庭のアヒルが　クヮックヮックヮッ
羽根のべて　水浴びるに言う　クヮックヮックヮッ
われらの苦しみいつか終わらん　クヮッ　クヮッ　クヮッ

「ド・ロ神父さまは私たちにとって宝物です」と語った橋口シスターは、百歳を超えた。

出津の帳方

西出津町野中の木村友好氏は「かくれ」信仰組織の帳方（爺役）である。昭和十一（一九三六）年一月一日生まれだそうだが、届けの日付はそれより遅かった。木村家の周辺は野中騒動の舞台である。木村氏に今日にいたるまでのことを聞き取りした。

中学卒業後四年間、母方の祖父である鍛冶屋の村上家に奉公に出た。鍛冶屋の仕事より木村・村上両方の農作業が大変で、山の上の方まで開いた段々畑に芋・麦・大豆・ソバなどを作り、耕作用の牛の他にも鶏や山羊を飼っていた。それから三菱長崎造船所下請け大手の久保組（現・久保工業）や千葉の製鉄所で溶接の仕事をした。

オラショは祖父の村上與次郎（よじろう）から教えてもらった。祖父は野中の組の帳方で、普段「ヨセジロウ」と呼ばれていた。「コンチリサン四ケ条」や「天地始之事」などを口伝えで習い、また筆写されたノートを読んで憶えた。

木村友好氏は、二人いた帳方の一人である父の木村源市が病気になったとき、呼び戻されて帳方となった。一九七三年のことで、前年に野中の組は天福寺から離れた。

帳方は責任ある立場であっても、収入があるわけではない。野中で鉄工所（鍛冶）経営と田畑耕作のかたわら、帳方の役務にあたった。

帳方は、神と人を結ぶ位置にある。キリスト教暦である「バスチャン暦　御帳（おちょう）」を管理して日繰りを行い、故に帳方というが、聖なる日などを組内に伝えるのが大きな役割である。例えば、御身のナタル（クリスマス）やサンタマリア上天の日などの聖なる日は不浄の肥料を扱わず、針仕事・釘打ちはしない、牛・豚・鶏などの肉も食べない（魚はよい）。とくに帳方は制約が多く十分に働くことができない、とは黒崎の松尾昌幸氏からも聞いた話だ。

木村友好氏　出津野中集落の「かくれ」信仰組織の帳方を務めてきた

かくれキリシタンに寄り添って研究してきた田北耕也でさえ、最低生活に甘んじてきたのだから高い思想や深い教理は伝わるはずがないと記した（『昭和時代の潜伏キリシタン』日本学術振興会）。しかし、約二百五十年の潜伏と、その後の「かくれ」信仰継続は、「高い」「深い」で評価するものではないと思う。

現在も木村氏は毎週日曜（ドミンゴ）の日繰りの日には、妹さんと一緒にお祈りをしているという。木村氏への聞き取りで最も印象深いのは、「今は（テレビでも）なんでんある、我が神様になった、人間が神様になった」と繰り返されたことである。今その意味するところを考えている。

枯松神社祭への期待

さて、これまで何度も登場したサンジュワンとバスチャンについてここで整理しておきたい。平戸の生月島では、サンジュワンを洗礼者ヨハネ、中江ノ島で殉教した三人のジュワン、また聖水を採取する中江ノ島や聖水そのものとする場合もあった。洗礼者ヨハネ、中江ノ島、聖水のラインで理解できそうである。

外海ではサンジュワン神父、すなわち外国人宣教師との伝承があり、枯松神社の社はその墓の上に建てられたという。禁教が厳しいとき外海地方を伝道したフランシスコ会の宣教師がサンジュワン神父のモデルといわれ、樫山海岸の能瀬で難破した船に乗っていたともいう。

その宣教師が一六三四年のキリスト教暦を日本人伝道士のバスチャン（セバスチャンのこと）に伝授した。バスチャンは日繰りの仕方を教えてまわったので「バスチャン暦」と呼ばれ、外海・浦上・五島の潜伏キリシタンの間で使われた。また「七代後には神父が黒船でやって来る」「キリシタンの歌を大声で歌えるようになる」といった「バスチャンの予言」も伝えられた。以上どこまでが史実か判断しがたいが、大きな影響があったことは事実である。

ところで、サンジュワン様の石碑と二本の大きな松の木があって鬱蒼としていた通称「枯松さん」は、なぜ神社になったのだろうか。社が建てられた一九三八年といえば、日中戦争によって外海からも出征する若者が増えた時期である。弾が当たらないように祈願して出征し、無事帰還した暁には除隊記念の盃を神社に供えた。

年月がたって社が朽ちてくると、建て直そうという動きが起こった。地元黒崎の枯松神社保存会や黒崎教会の信徒が協力して募金活動を行った。それが二〇〇〇年に始まった第一回枯松神社祭に結実したのである。

第20回枯松神社祭
（右から橋本司祭、村上帳方、塩屋住職）

以後、カトリックの感謝と慰霊ミサおよび、黒崎・迫（さこ）の帳方である村上茂・茂則氏父子によるオラショ奉納が行われ、出津の木村友好帳方も数回参加した。これまで髙見三明大司教司式のミサや天福寺の塩屋秀見住職の講演が行われたこともある。

残念なことに二〇一七年と二〇一八年の枯松神社祭はミサとオラショ奉納が分離して開催された。しかし、関係者の尽力もあって二〇一九年十一月三日、第二十回の枯松神社祭はカトリック・かくれ信徒・仏教徒の三者合同で開催できた。異なる宗派・宗教の共存は、今回の潜伏キリシタン関連遺産登録において高く評価されたところである。

世界遺産登録後の外海

潜伏キリシタン関連遺産における外海の構成資産は、出津集落と大野集落である。枯松神社がある黒崎集落は入っていない。その理由は、出津・大野の指定地域が国の重要文化的景観「長崎市外海の石積集落景観」に選定されているのに対し、黒崎は地元の同意が一部得られず選定されなかったことが大きい。この場合の「石積集落」とは、主として結晶片岩の石材を住居・倉庫の壁や石塀、畑の石垣などに利用していることをいう。

それだけに枯松神社祭の存在・あり方は黒崎だけでなく、外海全体に関わると思う。神社登り口にある「祈りの岩」では、潜伏キリシタンが悲しみの節の夜、密かにオラショを唱えて伝授しあったという。キリスト教信仰が認められた後も、そうした慣習は変わらなかったというから、この伝承はきわめて信憑性が高い。

社殿から下ったところに新造成の墓地がある。かつて社殿周辺にあった墓（平たい結晶片岩の石）を整理して、元「かくれ」信徒が家の墓として造ったものだが、ゆっくり観察すると興味深いことに気づく。各墓の法名塔にはカタカナの洗礼名と漢字の戒名が刻まれている。中には潜伏時代に受けた洗礼名もありそうだ。洗礼名は、儀式の抱き親の洗礼名をもらうので、例えば、祖父が抱き親でドメイゴスなら、水方（役）は孫の男の子もドメイゴスとする。ある家の法名塔には三人のドメイゴスが

潜伏キリシタンが密かにオラショを唱えた「祈りの岩」

刻まれていた。そのうえ、道教の神「土神（どじん）」の石碑まである。

さて、長崎市外海地区にはド・ロ神父記念館などド・ロ神父関連施設や遠藤周作文学館があり、世界遺産登録前から観光・研修目的、修学旅行で訪れる人は多かった。案内ボランティアも整備されている。それでも、ここ十年の人口動態をみると、二〇〇九年末の四千六百四十二人から一貫して減少し、二〇一八年は三千五百五人になっている。神浦からの流出が出津・黒崎より多いが、十年で千百人の減少は地域社会の維持という点からして厳しい。ひいては世界遺産構成資産の保全にも影響する。

外海の歴史素材は超一級だが、宿泊する訪問客は少なく工夫が必要だ。世界遺産登録を機に、単なる観光客数の増加をめざすよりも、観光・研修の事業化・企業化をもっと進めなければならない。住民の方々が畑仕事に出、散歩・買い物に出て、外海を訪れた人々と話し交流する、そうした光景が日常にあれば大変すばらしいと思う。

筆者にとって外海は、〈人が良くなる空間〉を感じた原点の土地である。

第四章

天領・浦上村のキリスト教史と天草崩れ

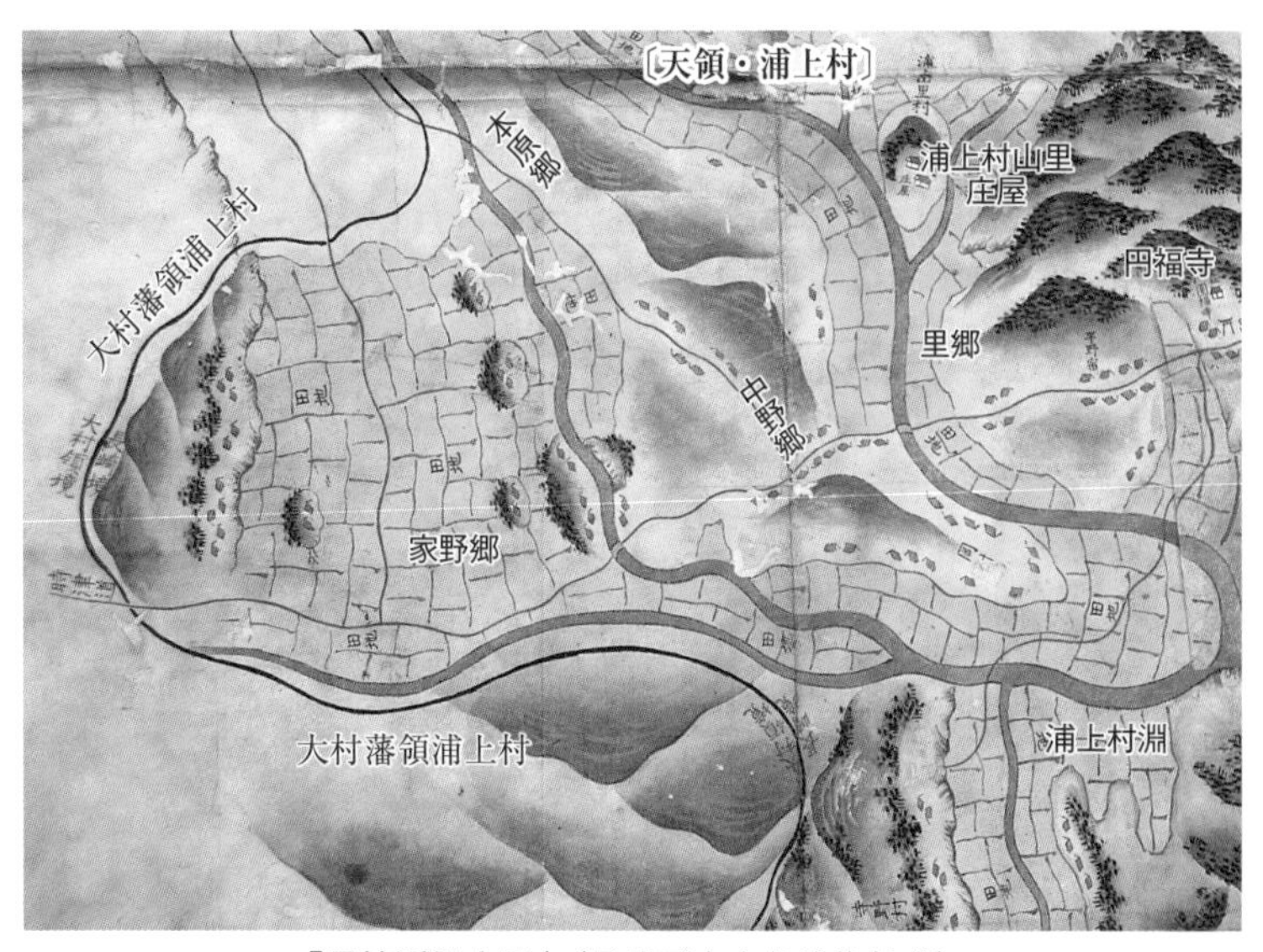

「長崎近郷之図」（長崎歴史文化博物館蔵）

天領・長崎に隣接の浦上村

浦上村山里は、長崎浦の上手東側に広がる天領の村である。長崎に近い方から馬込郷、里郷、中野郷、本原郷と家野郷に分かれ、本原・家野の北方は大村藩領となる。潜伏の時代、馬込郷にはキリシタンはいなかったが、他の郷は一部の村役人を除いてほぼ全員キリシタンであった。なお、長崎浦の上手西側も天領の浦上村淵で、ここにも少数のキリシタンがいた。

一六一四年幕府によるキリスト教禁教令が発令されるまで、山里にはイエズス会のレジデンシアとサンタ・クララ教会があって神父が常駐していた（『長崎のコレジヨ』純心女子短期大学）。もともと浦上村は一五八四年に有馬晴信からイエズス会に寄進された経緯があり、イエズス会の宣教が広く行われていた。

江戸時代に入るとフランシスコ会の宣教活動も活発になった。同会との関係はよくわからないが、禁教令で毀された家野郷のサンタ・クララ教会跡では、山里のキリシタンが「家野はよかよか昔からよかよ、サンタ・カララで日を暮らす（サンタ・カララの土地じゃもの）」と歌った。聖クララの祝日（新暦八月十一日）、盆踊りにかこつけて信徒が集まったという。「カララ」はクララのこと。

禁教政策が強化されたなかで、浦上村山里のキリシタンはどのようにして信仰を継続することがで

長崎市街北部（旧浦上村山里）の遠景
右下は浦上天主堂

きたのだろうか。浦川和三郎神父の著作『浦上切支丹史』（全国書房）に「古老の伝へる所」が概略書かれている。禁教下にあってキリスト教信仰が途絶えることを憂えた中野郷の孫左衛門は、同郷の七郎左衛門と浦上川の梁で白魚漁をしながら話し合い、信仰組織の再興のために二人協力して村人を説いて回ったという。

山里の「惣頭」には孫左衛門が就き、帳方の役割を果たした。「御帳」は外海地方と同じ「バスチャン暦」である。里・本原・家野の各郷には「触頭」がいて、洗礼を授ける水方の役目をなし、またその週の祝日（聖なる日）など帳方の日繰り情報を「聞役」に伝え、それを聞役は地域の各戸に伝達した。中野郷の触頭は惣頭が兼任していたようだ。孫左衛門の子孫は、ペトロ與右衛門、ジワン勘助、リース孫右衛門、パオロ圓吉、リース利五郎、ミギル吉蔵と、七代にわたって二百年以上惣頭（帳方）を務めた。

おそらくは、禁教以前から禁教初期まで存在していた信心組（コンフラリア）が母体となって、山里キリシタンの再結集がなされたと推測される。

赤煉瓦造りの浦上天主堂
（1934年、長崎名勝絵はがき）

なぜ浦上に世界遺産がないのか

世界文化遺産は、人類普遍の世界的価値を持ち、かつその構成資産は不動産でなければばならない。そして保存を担保するために、国の史跡、重要文化財、重要文化的景観に指定・選定されることが条件となっている。

キリスト教史における浦上村山里と村民の位置・役割を概略みてみると、約二五十年間の潜伏時代を経て、一八六五年に山里の潜伏キリシタンが大浦天主堂で信仰を告白、その後山里の村民はほとんどがカトリックに復帰、浦上四番崩れの際約三千人もの信徒が名古屋・富山以西の各藩に配流され、帰郷後は苦労して辛抱して赤煉瓦の荘厳な浦上天主堂を建設した。天主堂は一九一四年に竣工し、双塔の鐘楼が完成したのは一九二五年だった。まさに奇跡の信仰史である。これらを表す一部でも残っていれば国の史跡や重要文化財に指定されていたであろう。

破壊された浦上天主堂
（1949年、永井隆編『浦上天主堂写真集』より）

ところが、一九四五年八月九日、浦上上空五百メートルで原爆が炸裂、一発のプルトニウム爆弾は一瞬にして七万人以上の人命を奪った。潜伏時代を立証する集落なども超高温の熱線と放射線、また激烈な爆風と衝撃波によって破壊・焼失し、灰燼に帰した。爆心地からおよそ五百メートルの地点にあって、浦上信徒のよりどころであった浦上天主堂も無残な形状となった。

歴史の記述で「もしも…」は禁句であるが、あえて書かせていただく。現在も残る熱線に焼かれた聖母マリアの石像や、斜面に崩れ落ちた北側の鐘楼とともに、破壊された浦上天主堂本体に保存措置がなされていたならば、原爆の悲惨さを訴える遺構としてこれ以上のものはない。そのインパクトは計り知れない。しかし、一九五八年に解体・撤去され、跡地には新浦上天主堂が建設された。もちろん、浦上のカトリック信徒にとっては待望の祈りの場である。

浦上天主堂保存問題

一九五〇年代の浦上天主堂原爆遺構の保存問題を、一九五一年九月一日付の長崎日日新聞記事を中心に整理しておきたい。「浦上天主堂の廃きょをとりこわして新しい天主堂を建てる」ということが報道されると、反対論が起こってきた。ちょうど同年九月四日からサンフランシスコで対日講和会議が始まるときである。長崎市でも五日に原爆資料保存委員会の審議会が始まる予定として、同紙は当事者の意見を掲載している。

まず、原爆投下当時の長崎地裁所長で、京都地裁所長の石田壽(ひさし)氏は、保存して残せという趣旨の意見を述べた。「立派な芸術品として原爆の記念として観光的にもまた平和運動的にもぜひ長崎市として残すべきものと信じます。あれを壊したら一体長崎は原爆の跡として何を残す心算でしょう、原爆の跡なんか無くして一切新にするのだというのなら国際文化都市なんという大それた特別都市になったことの原因根拠を自ら忘却していることです。〔中略〕新しく東洋一の教会を作ることは結構、しかしその敷地はあの遺跡の彼方で結構です」。

カトリック長崎教区長の山口愛次郎司教は「残存物を忘れて平和を」という主張を展開した。「アメリカ人が原爆被災地を訪れ、決して誇らかなものとは思わぬだろう、つまりイヤな記念物として映じるものと思われる一切合さい過去の残存物を忘れて平和をねがうとき、思い出の惨害は取りはらったがよかろうという意見の台頭で、つまり平和は観光にかえられぬということである」。

信徒の深堀市郎氏は、長崎市の保存対応に不満を述べ、信徒としては教区の指示に従うが、一市民としては残った一部分でも子孫に見せて立派だったことを教えてやりたいと語った。江戸時代に絵踏みを強制された庄屋屋敷跡地に、苦労して建てた天主堂に対して特別な思いが交錯する。この後天主堂解体までの関連事項をあげておく。

浦上天主堂存廃是か非か

各界代表はこう答う

芸術品として残せ

石田寿氏

「浦上天主堂存廃是か非か」
（長崎日日新聞、昭和26（1951）年9月1日付）

一九五一年　平和祈念像建設資金の募集開始

一九五五年　平和祈念像除幕式を挙行、長崎市とアメリカ合衆国のセントポール市が姉妹都市となる（日本初の姉妹都市提携、聖パウロ名の市と）

一九五六年　田川務市長が渡米し、セントポール市など訪問

一九五八年　長崎市議会が元浦上天主堂の保存を決議、天主堂被爆遺構を解体
その後、一部が原爆落下中心地碑の傍に移設された

なにか浮かび上がってくるものがある。

浦上一番崩れの発端

大村藩の郡崩れや、濃尾崩れ・豊後崩れから百数十年たった寛政二（一七九〇）年、浦上村山里の庄屋・高谷永左衛門が、ご禁制の邪宗門の疑いありとして村民の主だった者たち十九名を長崎代官所に訴えた。この重大案件は代官所から長崎奉行所へ上げられ、奉行所では十九名を入牢させ、種々取り調べが行われた。

そもそも庄屋が村民を訴えるなどきわめて希なことである。事が切支丹に関わるだけに、奉行所は目安方を中心に詳細な調査を行った。

江戸幕府では松平定信が老中首座（将軍補佐）の地位にあって、厳しい寛政の改革が進行中である。長崎奉行所の判決記録である「犯科帳」をみても処理事件数が急に増えている。

判決を申し渡すにあたって、死罪などの重罪や重要な案件は江戸に伺いを立てる仕組みになっていたから、当然この「浦上一番崩れ」の判決にも幕府の意向が織り込まれたに違いない。

高谷庄屋はなぜ村民を訴えただろうか、一連の経緯をみてみよう。

浦上村山里の坂本というところに真言宗円福寺がある。長崎の延命寺の末寺で、山王権現を祀っていたので山王社ともいわれていた。その奥の院に、八十八体の石仏を造って八十八の札所を設けようと高谷庄屋一族が企画し、村民にも寄進を求めたが、ほとんど協力しなかった。これに怒った高谷庄

高野山奥之院御廟橋　渡って左手に「長崎墓」がある

屋が、邪宗門の疑いありと訴え出たのが発端である。関係する史料は長崎奉行所文書「異宗徒」など数多く残っており、幕府の見解ともいうべき、この「異宗」が今後明治維新までの浦上崩れの展開で重要である。

筆者は数年前、延命寺の開創四百年記念誌編纂に参与し、関連して高野山奥之院を調査した。一の橋を渡ると、信長・秀吉はじめ諸大名・著名人の大きな墓碑・供養塔が杉の大木の間に林立している。一番奥の御廟（ごびょう）橋の向こうは、手洗い、脱帽、撮影禁止の特別な聖域で、参道左手に高野山の人が「長崎墓」と呼んでいる、三十六基の石塔が建つ一画がある。

その中に、浦上村山里庄屋の高谷永左衛門が建てた明和五（一七六八）年の石塔があり、さらに高谷九兵衛の天保十（一八三九）年の逆修（ぎゃくしゅ）（生前の立塔）も確認できた。つまり、高谷庄屋は代々お大師様信仰者であったと考えられ、八十八体の石仏造立も合点がいく。

長崎の歴史の広がり、つながりに驚かされた事例である。

浦上一番崩れと「犯科帳」

牢に入れられた十九名の取調書をみると田地を持つ高持百姓が多く、小農階層ではないようだ。一連の史料の中で、入牢者の子どもたちが親を牢から出してほしいと訴えた嘆願書は興味深い。もちろん、文書作成には村の有力者が援助しているが、一番崩れの核心的内容を含んでいるので紹介しておく（「切支丹史料〔寛政期〕」長崎歴史文化博物館蔵）。

私たちは先祖より代々浦上村山里に住む百姓でございます、という書き出しで始まる文書には、およそ次のようなことが記されている。私たちは浄土宗聖徳寺（しょうとくじ）の檀家（だんか）であり、代官所役人立ち会いで毎年春に絵踏みをして宗門改めを受けており、疑われるようなことは決してない、親たちが入牢しているので今秋の収納にも差し障り、一同大変難儀している、というのである。この場合、聖徳寺檀家と絵踏み・宗門改めがキーワードだ。

ここで浦上村山里の絵踏みについて簡単に述べておく。長崎奉行所宗門蔵から取り出された踏絵は、まず長崎市中の町々をめぐり、長崎村に続いて正月十四日・十五日（旧暦）が浦上村山里の絵踏みの日である。各郷乙名（おとな）の家に郷民が集められ、準備された名前帳の順に呼ばれて絵踏みが行われた。それを一々確認のうえ、役人が名前の上に改印を押し、不在の者には朱丸、病気の者には黒丸を付けて、後に必ず実施された（「金井八郎翁備考録」）。

潜伏キリシタンは、絵踏みの後に許しのオラショ「こんちりさん」を唱え、また踏んだ足を洗った水を飲んだという伝承もある。なお、絵踏みは西洋諸国との通商開始を前に、安政五（一八五八）年から廃止された。

さて、長崎奉行所の判決はどうなったのか。「寛政二年 犯科帳」によれば、十九名は三十日押込（謹慎、出入り禁止）だが、すでに入牢しているので急度叱（厳重注意）となった。意外と軽い裁きである。その理由は「異宗」（怪しい宗教）を信仰しているという風聞（うわさ）があったので、捕らえて吟味をしたところ、年々絵踏みを行って宗門改帳に印形しており、疑わしい筋はないと檀那寺の聖徳寺も申し立てているが、平常正しくないところがあるから起こったことで、不埒であるという。それでも「邪宗」（切支丹邪宗門）を基準とした判決ではないところが奉行所の、いや幕府の見解であろう。

「長崎奉行所 犯科帳」は維新後長崎県警察に引き継がれた（長崎歴史文化博物館蔵）

幕府では、浦上村数千人をキリシタン邪宗門として厳罰に処するのは、平穏な徳川の治世において得策でないと判断したのではないか。怪しい宗教「異宗」の疑いにとどめたと考えられる。

浦上一番崩れと長崎奉行

長崎奉行所立山役所の長屋門（復元）と
発掘された石段（長崎歴史文化博物館）

浦上一番崩れでは、訴えた側の高谷永左衛門も庄屋免職、五十日押込が申し渡され、弟（養子）の高谷官十郎が庄屋を継いだ。これで一件落着となったかにみえたが、高谷永左衛門とその配下の七太郎・作次郎・久米蔵らは、なお怪しい仏像（邪仏）や画像（男が礫）などを探して訴え出た。このため浦上村山里の散使（村役人）を務めていた家野郷の深堀安左衛門ら多くが捕らえられ、最終決着は六年後の寛政八（一七九六）年十二月であった。

なぜこの一件が長引いたのだろうと思いながら、長崎歴史文化博物館の長崎奉行所文書を探索してみた。すると「御仕置伺」（判決申し渡し前の幕府への伺い）の断簡に、朱書きで「寛政二戌年十二月水野若狭守在勤之節手限御仕置申付候」（左ページ写真）とあって、後に「犯科帳」とほぼ同じ文言が記されていた。ここでの「手限」とは奉行権限のこと、つまり水野奉行自身の判断で、十九名に「急度叱り」の判決を申し渡したと解釈される。前節の内容とは異なる興味深い史料が出現したのである。

ここで当時の長崎奉行について整理しておく。長崎在勤一人、江戸在勤一人の二人制で、江戸在勤もしくは新任の奉行は、長崎到着が九月（旧暦）初めになるよう江戸を出立する。長崎諏訪神社の「くんち」祭礼日である九月七日（寛政五年以降は九日）に間に合うようにといわれているが、遅れる奉行もいる。長崎に奉行が二人そろうのは、九月のせいぜい二十日間くらいで、この間に引き継ぎを行う。「長崎志続編」から一番崩れ関連の奉行をあげてみる。

寛政元〔一七八九〕年　永井筑前守　九月十三日着、水野若狭守　十月四日発駕

寛政二年　水野若狭守　九月二日着（三在勤）、永井筑前守　九月二十二日発駕

寛政三年　永井筑前守　九月二日着（二在勤）、水野若狭守　九月二十一日発駕

寛政四年　永井筑前守　閏二月六日長崎で卒去、平賀式部少輔　六月朔日着

寛政五年　高尾伊賀守　九月四日着、平賀式部少輔

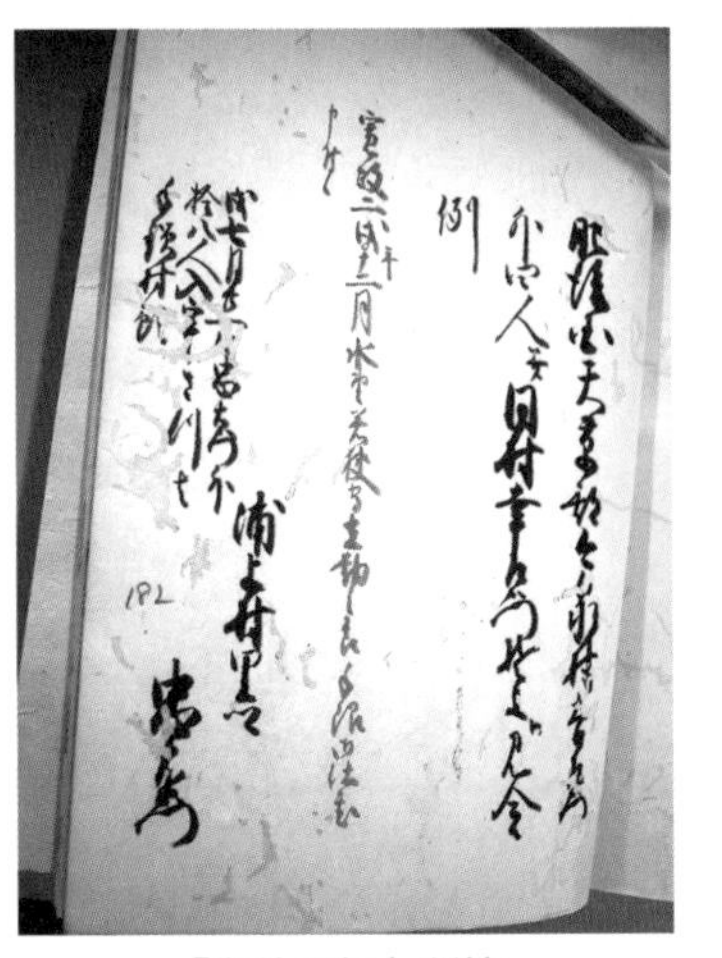

「御仕置伺」断簡

九月二十五日発駕

寛政六年　平賀式部少輔　九月六日着（二在勤）、高尾伊賀守　九月二十三日発駕

寛政七年　中川飛騨守　九月十日着、平賀式部少輔　十月朔日発駕

寛政八年　平賀式部少輔　九月五日着（三在勤）、中川飛騨守　九月二十二日発駕

一番崩れ関連長崎奉行には、松平定信が重用した、あるいは引き立てた能吏が並ぶ。水野若狭守忠通は勘定奉行格に昇進後の三回目の長崎在勤となった。このときは長崎貿易の根幹に関わる唐蘭貿易「半減商売令」（貿易額を半分に）を通達するという大仕事を抱えており、定信の信頼の程がうかがわれる。

永井筑前守直廉は長崎市民や唐人にも慕われた名奉行だったらしいが、寛政四年閏二月に病没し、皓台寺に葬られた。後任には娘婿の平賀式部少輔貞愛がなり、急ぎ六月一日に赴任した。江戸で目付四天王と称された人物であり、長崎では永井奉行の家老をそのまま任用しており、なんらか引き継がれたのではないか。

高尾伊賀守信福の長崎着任には御家人から登用された手附出役六人が随行した。この制度は三十年ほど続く。中川飛騨守忠英も文武両道に優れた四天王の一人で、定信の信頼は厚い。長崎奉行として赴任する際、近藤重蔵を手附出役として同行させ、中川忠英監修、近藤重蔵編纂で成立した「清俗紀聞」はよく知られている。

中川奉行の長崎赴任以前に定信は老中を退いていたが、松平信明ら寛政の遺老と呼ばれる老中たち

は健在で、なお寛政の改革は続いていた。

さて、水野若狭守「手限」のことだが、唐蘭貿易「半減商売令」通達もあって、正規の御仕置伺いはできなかったようだ。しかし、幕政の基本に関わる宗門の案件であり、また長崎隣接の浦上村だけに、急ぎ収束する必要に迫られたと考えられる。

以下、推測も交えて書かせていただく。幕府からは水野奉行あてに「異宗」の線で処置するよう内々の意向が示されたのではないか。それが寛政二年十二月の水野奉行「手限」の判決に反映された。実際には手限裁判がはるかに多いのだから、わざわざ「手限」とするのは不自然である。

長崎奉行・永井筑前守の墓（晧台寺）

判決後も高谷庄屋とその周辺から訴えが起こされ、取り調べが続けられた。その結果は、寛政八年九月に送られたと思われる中川・平賀両奉行連記の江戸への伺い（控え文書）には、怪しい仏像・画像を取り調べたが、邪宗門の信仰物とする証拠がないと記されていた。

「寛政八年　犯科帳」によれば、十二月の平賀奉行の判決では「異宗」でもなく、さらにぼかした「不取留（とりとめざる）宗旨躰」になっており、江戸とのやり取りがうかがわれる。しかも、個々の判決によって「江戸表へ御届」と付記されていた。浦上村宗門一件は、一筋縄ではいかない。

形変候石塔

長崎奉行所や長崎代官所による取り調べを具体的に紹介しよう。山里村民（潜伏信徒）の墓には「形変候石塔（かたちかわりそうろう）」が多く見られ、取り調べの対象となった。

江戸時代中・後期には、建てた石塔の正面に戒名や宝号を、側面に俗名などを刻するのが普通の仏教徒である。ところが、浦上村山里の経の峰（里郷）、赤城（中野郷）などの墓地に、写真のような形の切石や長手の平石を伏せた変形墓石があって、戒名はなく俗名が刻されたものが一部にあった。もっとも、キリシタン時代にはこうした伏せ墓が一般的である。

怪しいとされた持墓についての尋問の結果は次のとおり。

なんの子細でこのような墓石になったのかよくわからない、誰を葬っているのか伝わっていない、兄が世話していたので兄の死後委細はわからない、隣家の墓が無縁になり父や自分が盆祭をしている、といった具合で、知らない、わからないという供述が並ぶ。

この件に関して寛政八年十二月の平賀奉行の判決は、「他参留」（移動制限）と「踏絵誓詞」申付けであった。大村藩と違って「犯科帳」など長崎奉行所文書では、「踏絵」に踏絵を踏む意味も含まれている。踏絵（絵踏み）は奉行所で行われたものか。また誓詞は大村藩領浦上村の次平の例だが、誓いに背くと日本六十六国大小の神祇（じんぎ）、天照皇大神・正八幡大菩薩や村の鎮守の住吉大明神から罰を受け

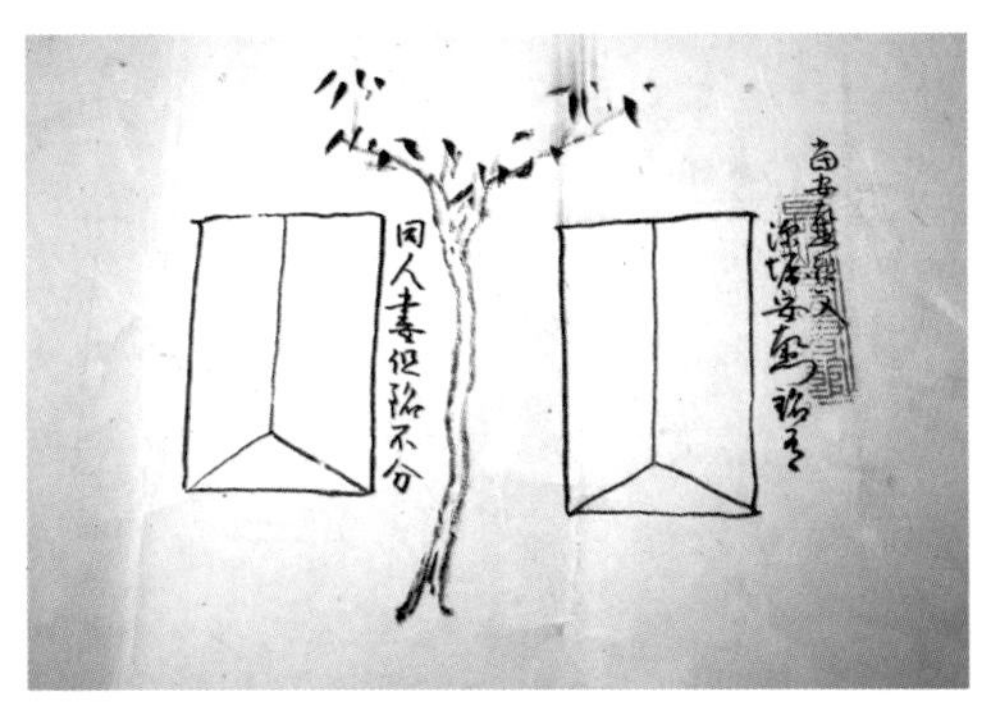

「深堀安左衛門並に家族墓碑図」（長崎歴史文化博物館蔵）

るとして署名・血判する形式である。

もう一つ気になるのは、取り調べが北隣の大村藩領浦上村だけでなく、三重村・神浦（こうのうら）村の村民と、彼らが逃亡した五島にまで及んでいることである。三重村「久三郎」の大家族の場合をみてみよう。取り調べの過程で山里家野郷の庄五郎が久三郎より異宗躰の信仰を習ったこと、また中野郷の源左衛門がいかがわしい書を久三郎に預けた疑いも浮上した。追及を恐れた久三郎は、娘婿二家族とともに偽切手（通行手形）を使って五島の男鹿（おしか）浦に逃亡した。娘婿の一人は神浦村の者である。

その久三郎は男鹿浦で病没して葬られた。長崎奉行所は五島藩に墓の形態調べを依頼し、結果は小石を積み上げ、小さな茶碗が置いてあるだけだったが、一族十六人を長崎に呼んで取り調べている。判決は幼少の者を除き「踏絵誓詞」申付けであった。

久三郎の病死以外、取り調べ中に死去または重篤になった者は多い。それも信仰組織の主だった者たちという印象を受ける。

浦上三番崩れ

　浦上一番崩れの後、同二番崩れがあったと思われるが、長崎奉行所文書に関係資料はまったくなく、真偽の程はわからない。ただ、起こったとされる天保十三（一八四二）年は、長崎の町年寄で実力者の高島秋帆が謀反の疑いで捕らえられ、江戸に送られた高島事件の年である。老中・水野忠邦の命を受けて長崎奉行となった伊沢美作守（みまさかのかみ）が起こした事件であり、このため浦上村宗門一件が表に出ないようにしたのかもしれない。

　ちなみに、東京都板橋区の高島平は、事件の前年に秋帆が幕府に呼ばれて、高島（西洋）流砲術演習を行った徳丸ケ原一帯に誕生したニュータウンの名称である。

　ところで、浦上三番崩れは安政三（一八五六）年に起こった。一八五四年の日米和親条約（神奈川条約）を皮切りに、長崎でイギリス・オランダとの和親条約が成立し、下田ではロシアと条約が結ばれた。イギリス・アメリカとの貿易開始、外国人居留地の造営も目前に迫っている。浦上三番崩れの背景として、こうした国際関係の急激な変化を考えねばならないだろう。

　それは信徒もからんだ密告から始まった。当時の長崎奉行・荒尾石見守（いわみのかみ）と川村対馬守が連記して幕府へ提出した文書には、浦上村民の多くが怪しい宗教を信仰しているとの訴えがあり九月十八日（旧暦）に十五名を捕らえた、これから吟味（取り調べ）にかかりたい、この宗門一件は長崎駐在目付の

吉蔵の帳方屋敷跡
現在は永井隆博士が住んだ如己(にょこ)堂が保存されている

いる。

永井玄蕃頭(げんばのかみ)と岡部駿河守とも相談の上である、と記されている。

長崎～江戸間の普通の文書往復は、幕府宿次(しゅくつぎ)便で三月(みつき)あれば十分だが、宗門に関わるだけに一番崩れ同様この一件も長引いた。なお、岡部駿河守はこの後長崎奉行に転じ、三番崩れの処置について中心的な役割を果たしていく。また、彼はイギリス領事と長崎居留地に関する交渉をまとめるなど外交面でも活躍した。

浦上村山里の中野郷に住む吉蔵は七代目帳方である。宗門の仲間がいつ白状するかもしれないという危機が迫るなか、上五島の奈摩(なま)村（現・新上五島町）に逃れたが、長崎奉行所の役人に捕らえられた。吉蔵が潜んでいた奈摩村廣瀬浦辺りは、樹木生い茂り地形嶮岨(けんそ)な土地で、彼は以前行ったことがあるという。大樹のウロへ隠れ、莚(むしろ)などで雨露を凌いでいた。現在でいうと、青沙ケ浦(あおさがうら)天主堂近くにあたり、ここまでの逃亡経路や廣瀬浦での食料調達には潜伏信徒仲間の助勢があった可能性もありそうだ。

岡部奉行の御仕置伺控え文書（「異宗一件」）から、吉蔵への吟味内容の主だったところを紹介したい。

石高は三斗七升八合、家族は八人、浄土宗聖徳寺檀家であるが、先祖から伝えられてきたハンタマルヤという白焼仏像、イナッショウという唐金（からかね）（青銅）仏座像、ジゾウスという仏一体に加えて日繰書物（かきもの）を所持している。イナッショウはイグナチウス・デ・ロヨラ、ジゾウスはイエスのこと。また、親から口授されたガラスサ（恩寵）、アベマルヤ、天ニマシマスという経文を唱えている。

信仰組織の中枢を形成する惣頭・触頭・聞役の実態と人物は、吉蔵への吟味で明らかになった。「天地始之事（はじまりのこと）」も、すべて吉蔵の頭の中に整理されていたようだ。吉蔵は自分たちの信仰について、ご制禁の耶蘇（やそ）宗門とは別の宗教「異宗」であると父親利五郎から密かに伝え聞いていたが、捕らえられる危険を察して日繰書物を持って五島へ逃れたというわけである。奉行所では、繰り返しキリシタンではないかと厳しく吟味したが、吉蔵はそれを否定し、「口書（くちがき）」（供述調書）を取る前に入牢中病死した。

吉蔵たちの惣頭・触頭などとは別組も存在していた。里郷の浜口に住む龍平の組である。龍平の石高は二斗一升、家族は六人、聖徳寺檀家で、白焼ハンタマルヤ座像二体、日繰書物一冊を所持し、吉蔵と同じ経文を唱えている。また、大村藩領や佐賀藩深堀領の樫山（かしやま）村の異宗信徒とも交流があった。この組が吉蔵の組とどのような関係にあったのか、よくわかっていない。

龍平も、宗名はわからないが耶蘇宗門とは別宗の「異宗」であると伝えられて踏絵も行い、人の形が錆びついた唐金板（メダイのこと）が邪宗仏に紛らわしいものとは初めて知った、とキリシタンで

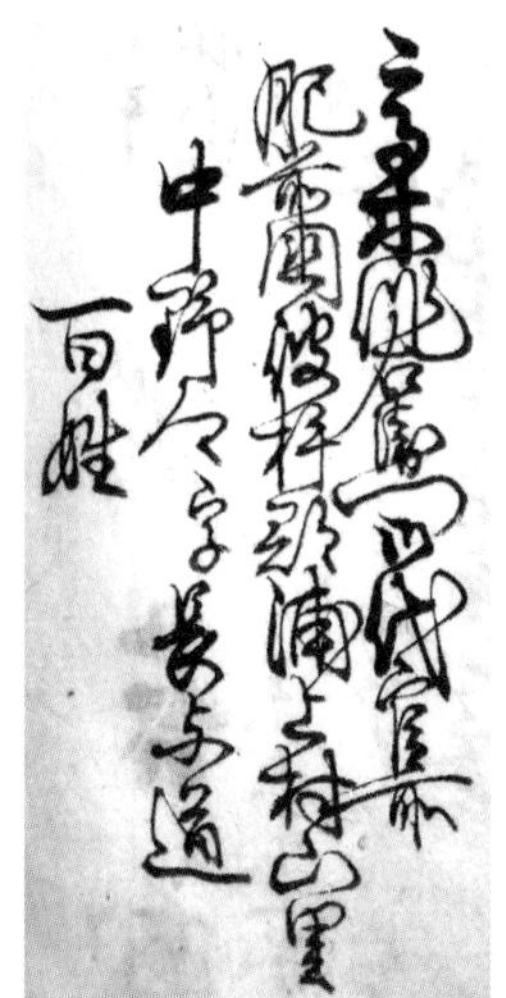

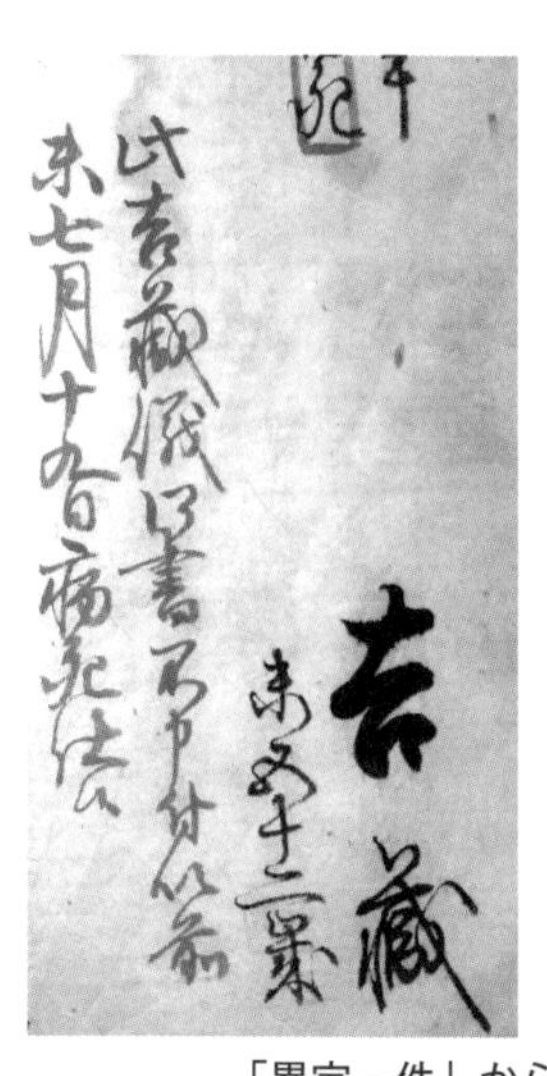

「異宗一件」から「吉蔵」部分
（長崎歴史文化博物館蔵）

あることを否定した。そして吉蔵と同じく「口書」を取る前に病死。さらに、龍平の組の主だった者、吉蔵の組の触頭・聞役クラスの者も同様に多くが吟味中病死した。拷問死と考えてもよいのではないか。

　結局、この浦上村異宗一件は二千人近くが取り調べを受けたが、軽微な判決と、大半は咎（とが）めなしだったようだ。「犯科帳」に判決の記載はない。

　最終決着は万延元（一八六〇）年、岡部奉行が前例としたのは「寛政二年　犯科帳」の浦上一番崩れの判決ではなく、幕府が直接関与した「天草異宗一件」（天草崩れ）だった。一番崩れは表向き長崎奉行「手限」判決だったからであろう。岡部奉行はキリシタンとわかっていても、幕府の方針どおり「異宗」で処置したのである。

マリア観音像とは

各地の観光資料館などに白磁の観音像が展示されていることがある。キャプションに「マリア観音像」とあっても、来歴がきちんと書いてなければ鵜呑みにはできない。

こうした白磁観音像の多くは中国福建省の徳化窯（とっかよう）で焼かれたものが多いが、潜伏（かくれ）キリシタンに拝まれてきたという確実な来歴があって初めて「マリア観音像」となる。幼児を抱いた子安（慈母）観音像の場合、聖母子像に見立てたわけである。

浦上村山里の信徒が所持した白磁の母子像は、リウス（イエス）が幼いときハンタマルヤ（聖マリア）が養育している姿を表し（「異宗一件」）、長崎奉行所によって没収された。当時これらを検証した長崎の春徳寺・晧台寺の僧たちは、仏像そのものはまったく観音の像であるとした。その判断は正しい。今日では四番崩れの没収品も合わせて「長崎奉行所キリシタン資料」（重要文化財）に含まれ、東京国立博物館に保存されている。

もともと、これらは「踏絵」等とともに長崎奉行所立山役所の宗門蔵にあって、明治維新後長崎府（県）に引き継がれていたが、一八七四年に長崎県から教部省に移管され、その後東京国立博物館の収蔵品となった。移管の理由は、外国人が「踏絵」に強い関心を示し、今後のトラブルも懸念されるというものであった。長崎歴史文化博物館の開館に際して里帰り展示がなされ、現在も資料を入れ替えて展示が続けられている。

白磁の観音像を日本にもたらしたのは、長崎に来航していた唐船である。福州出船の唐船舶載品に徳化窯の子安観音像があるのを、浦上村の潜伏信徒が見出したとき、自然聖母子像を思い浮かべたに違いない。浦上村民には長崎市中の商人と取引がある者もおり、注文することができたと考えられる。徳化窯の白磁に限らずイナッショ様（イグナチウス・デ・ロヨラ）に見立てた唐金（青銅）像の類も渡来したようだ。

これらは浦上村からのキリシタンルートで外海地方へ伝わり、さらに外海から移住した潜伏信徒とともに五島列島へ渡った。また、九州西岸の廻船ルートによって天草へも運ばれた。しかし、廻船ルートの北に位置する平戸島と生月島へは伝わっていない。潜伏キリシタンの系統が異なり、相互の交流・交渉はなかったようで、解明すべき今後の課題である。ただし、江戸後期・幕末には外海地方から五島列島だけでなく一部は平戸藩領へも移住し、潜伏信徒の信仰物にはマリア観音像もあった。

長崎奉行所に没収された「マリア観音像」
（東京国立博物館蔵
Image: TNM Image Archives）

長崎居留地と大浦天主堂

岡部奉行は、この異宗は耶蘇教と紛らわしい宗教であり、以前に切支丹宗門の者が改宗すると「ころび」と唱え、奉行所が本人および類族（親類）の者たちを厳しく監視していたが、今後これに準じた措置を取りたいとした。彼の理解の程が知れる。

ところで、このころ、長崎が劇的に変わろうとしていた。これまでのオランダ船・唐船に加えて、安政六（一八五九）年からアメリカ・イギリス・フランス・ロシアに対しても本格的に開港し、戸町村の大浦地域では居留地の造成が始まった。背後の丘陵を崩した土砂で大浦の入江や海岸を埋め立て、一八六〇年代前半までに大浦居留地、東山手居留地、下り松居留地、そして南山手居留地が生まれた。

このうち南山手高みの一番に、パリ外国宣教会のフューレ神父・プティジャン神父らが建設し、一八六五年二月十九日に献堂式をあげた大浦天主堂がそびえていた。一八六二年に列聖されたばかりの日本二十六聖人にささげられた教会堂として日本二十六聖殉教者聖堂と命名され、正面は殉教地である西坂の丘を向いている。建設を請け負った大工棟梁は天草の小山秀之進、また居留地の造成を請け負ったのも天草の北野織部であった。このころ天草は長崎代官の支配地で、長崎との関係が深かった。

当時のヨーロッパ情勢も少し述べておく。市民革命運動が高揚して一八四八年にはパリで二月革命が起こり、ヨーロッパ全域に広がった。その後も革命運動は継続・先鋭化して一八六四年には国際労働者協会（第一インターナショナル）が結成されるにいたった。カトリック勢力が外国宣教に力を入れた背景には、既存の価値・秩序と対立する、こうした革命運動が存在していた。

大浦天主堂は通称フランス寺と呼ばれる。居留地に住むフランス人信徒のための寺院として長崎奉行所の認可を得ていた。日曜日にはミサが行われ、行事がないときは地元長崎の者はもちろん、長崎見物の旅人も訪れたようだ。プティジャン神父が日本人に天主堂見学を開放したねらいは、二百数十年に及ぶ禁教政策によって絶えたとされるキリシタンの子孫が、名乗り出るのではないかという密かな期待だった。献堂式の翌月、それは現実のものとなった。

創建当初の大浦天主堂
（上野彦馬撮影。長崎市江崎べっ甲店蔵）

一方、浦上村の潜伏信徒たちも居留地を調べていた。東山手に建てられたプロテスタントの教会の牧師は妻帯者だった。信徒たちは接触せずに帰ったという。南山手の探索の目的は、独身のパードレ（神父）かということだった。

サンタマリアご像はどこ

元治二年二月二十日（一八六五年三月十七日）、浦上村潜伏キリシタンの女性が「サンタマリアご像はどこ」とプティジャン神父に問いかけた信仰告白の場面は、あまりにも有名である。その女性はイサベリナゆりといわれている。案内されて天主堂内右手のサンタマリア像と対面した信徒たちの感激、その場に遭遇したプティジャン神父の驚きと喜び、彼は横浜のジラール神父に感動を報告した。「サンタマリアご像はどこ」はローマ字で書かれている。

その後もフランス寺見物の人々にまぎれて、プティジャン神父・ロケーニュ神父と浦上村の信徒が連絡を取り合ったことは容易に想像できる。二人の神父は夜陰に乗じて浦上村に出かけて行くこともあった。浦上村だけではない。フランス寺にマリア様がおられるという情報は、またたく間に佐賀藩深堀領の神ノ島や大村藩領の外海地方、さらには五島列島へも伝わった。

信仰告白の一月（ひとつき）後に大浦天主堂を見物した旅人がいる。唐津城下の材木

「サンタマリアご像はどこ」（2行目ローマ字）
（「プティジャン司教書簡エリア写本」より。長崎純心大学博物館蔵）

町年寄・平松儀右衛門の「道中日記」から、天主堂の様子をみてみよう。

居留地の高みに六角堂があって、どこからも見えて立派である。異国の寺というから参詣したところ、窓にはビイドロ五色〔ステンドグラス〕があって、声を上げれば谺(こだま)がすごい。本尊には覆いがあってよくわからない。その上の額には、人を殺し殺され縛られて、誠に恐ろしい絵が描いてある。三階もあったが、気味が悪く上らなかった。

この寺の正面に「天主堂」と日本字で掲げてある。日月を宗祖として祭る故とのこと。出入りは自由、ドンタク〔日曜〕には信心の異人が集まってくるという。坊主は総髪で、遠くて髪の色はわからない。

プティジャン神父
(『プティジャン司教書簡集』より。長崎純心大学博物館蔵)

儀右衛門はプティジャン神父かロケーニュ神父を遠目に見ているのである。大浦天主堂が長崎名所見物のルートに入っていたことは、知り合いの呼子の油屋惣次郎や唐津城下刀町の安平と、ばったり遭遇したことからも想像できる。この後、儀右衛門はグラバー邸見物へと向かった。

なお、天主堂への出入りは長崎奉行所によって遮断されるようになる。

浦上四番崩れと自葬事件

プティジャン神父による信徒発見は、浦上村はじめ周辺の大村藩領、佐賀藩深堀領、海を越えた五島列島、また平戸藩領に移住した潜伏キリシタンにも大きな影響を与えた。なによりプティジャン神父自身が、同僚のロケーニュ神父らとともに浦上村山里を秘かに訪ねて教義を説いたため、村民の信仰意識が深まり、高揚していった。

プティジャン神父が外海の出津(しつ)を訪ねたこと、浦上村から異宗門の頭分が外海に来たことはすでに述べた。長崎周辺地域の信徒のみならず、五島列島の頭ヶ島(かしらがしま)や佐世保港外の黒島からは信仰組織のリーダーが大浦天主堂に来て神父と接触した。明治維新後、カトリックへの改宗率が高い地域は、一八六五年から六七年という早い時期に神父と接点を持って教義に触れており、また信仰組織の活動的リーダーの存在も大きい。

一八六七年の春、浦上村山里において檀那寺の聖徳寺に知らせず自分たちで遺体を埋葬する事件が起こった。宗門制度の根幹に反する行為である。長崎奉行所文書「御用留」（長崎代官から奉行への報告文書控え）によって、その概略をみてみよう。

浦上村山里本原郷の百姓三八の母たかが病死した。三八は人別帳を管理する庄屋には届けたが、聖徳寺の引導は必要ない、自分たちのやり方で埋葬するという。三八は巳年異宗一件（三番崩れ）のと

現在の聖徳寺（長崎市銭座町）

き村預けになった者で、寺への布施を出せない貧窮の者ではなく、本原郷三人目位の百姓である。

浦上村の百姓らが言うには、先祖からの申し伝えで天主教を信仰しており、これまで御大法（法令）に従って聖徳寺の引導を請けてきたが「ウハ之ソラ」であった。近ごろ外国人居留地に建ったフランス寺の教えに触れると、「先祖伝来之儀と符合」していることがわかった。人間にはアリマ（アニマ）という魂があって、死後は極楽ともいうありがたい所に生まれ替わるとフランス寺の和尚は申す。浄土宗聖徳寺だけでなく何宗にてもアリマの救済はできない。御大法に背き申し訳ないが、天主教信仰の件はいかなる厳罰も受けるつもりであるから、埋葬については自分たちで執り行うようにしたい。そして、信徒の連判帳まで提出したのである。

公然たるキリスト教信仰表明である。それでも、長崎奉行所はキリスト教（邪宗門）と断定せず、檀那寺の引導を受けないというだけで他に変わったところはない、天主教の極意を習得したわけでもないとして、彼らを説得した。この事件を契機に浦上四番崩れが始まった。

浦上村の探索と秘密教会

長崎奉行所は、浦上村民のキリスト教信仰表明を受けて、江戸への報告のこともあり徹底した探索を行った。奉行所の担当は目安方が組織替えした公事方である。

ところで、江戸時代「士農工商」という身分制度が社会を縛っていたことは周知のとおりである。さらに理不尽なことには「士農工商」の下に被差別民を設定して、支配される者同士をいがみ合わせる仕組みを作った。とくに重い年貢を負担する農民たちに、上見て暮らすな下見て暮らせ、というわけだ。長崎奉行所は、浦上村山里馬込郷の一地域に住み、輸入皮革の加工・販売などを生業としていた被差別民を公事方下役に組み入れ、浦上信徒の探索・捕縛にも利用した。

四番崩れ関連の奉行所文書から探索の状況を具体的にみてみよう。まず「浦上村異宗信仰致候者名前書」によれば、深く信仰している者には名前の下に朱点を付け、天主堂を取り建てている者四人の上に朱丸を付け、また「此者切者(きれもの)ニ而御座候(ござ)」と書き込みされた信徒もある。

「異宗一件書類 公事方掛」には天主堂の図面が描かれている。本原郷の仙右衛門方裏、同又市方後手、中野郷いよ方裏、家野郷市三郎方裏の四ヶ所、十数坪の藁葺(わらぶ)き秘密教会である。庄屋屋敷がある里郷にはない。

慶応三(一八六七)年六月、奉行所の捕り方が秘密教会などを襲い、六十八名を捕らえて長崎の桜町牢に入れ、ついで長崎村小島（こしま）郷の牢に移した。この時ロケーニュ神父は本原郷又市方後手の天主堂にいたが、危なく難を逃れたと伝えられている。浦上信徒は牢内で拷問を受け棄教を迫られた。改心（棄教）した者も多いが、後に改心戻しをした信徒も多い。

事件を受けてフランスのレック領事は奉行所に抗議し、立山役所で幕府外国奉行の平山図書頭（ずしょのかみ）と談判した。また、ロッシュ公使も拷問をしないよう幕府に申し入れるなど、この事件は国際問題となり、他の諸外国の圧力もあって全員が出牢・帰村することになった。

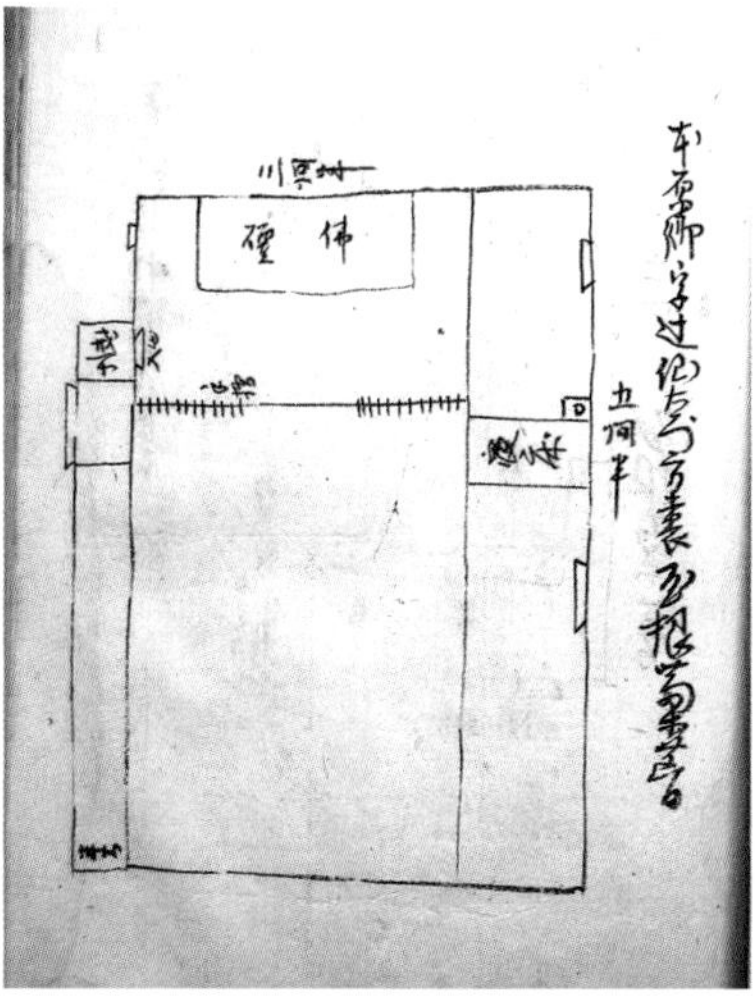

仙右衛門方裏の秘密教会図面
（「異宗一件書類」より。長崎歴史文化博物館蔵）

結局、仙右衛門一人だけが改心せずに出牢したというが、「異宗一件入牢之者名前」によれば「仙右衛門」の上に「打擲（ちょうちゃく）」（拷問）していないとの書き込みがあって、彼が高木長崎代官の系譜につながる者という伝承がそうさせたのかもしれない。

奉行所の文書名でわかるように、キリスト教と明白になっても「異宗」であり、「邪宗」の公式表記は維新政権になってからである。

浦上のキリシタン関連史跡

長崎市浦上地区には、多くのキリシタン関連史跡がある。「長崎近郷之図」に描かれている浦上村山里の庄屋屋敷は、川に挟まれた舌状台地の先端部にあり、中世には豪族（浦上氏か）の館があったと推測される。絵図に描かれた地形はそのまま残っており、浦上天主堂は庄屋屋敷跡地に建てられた。天主堂下には浦上キリシタン資料館があって、カトリック信徒の岩波智代子館長が個人運営する小さな資料館だが、内容は充実している。

長崎純心大学博物館もキリシタン資料が豊かだ。日本キリスト教史の研究に多大な業績を残した片岡弥吉収集資料が中核となっている。また、同館の学芸員には、たびたび貴重な話をうかがった。

第四章中扉の絵図も確認していただきたい。浦上キリシタンが集住した里郷・中野郷・本原郷・家野郷には、それぞれの共同墓地がある。カトリック教徒の墓が大半で、石塔の上に十字架がある光景は、いかにも浦上らしい。

長崎大学医学部の背後高みにある広大な里郷経の峰墓地の中央部には、高谷庄屋とその一族の仏式石塔もある。経の峰墓地から二十分ほど登ると、一番崩れの発端となった円福寺奥の院（通称・穴弘法さん、現・霊泉寺）があって、途中浦上天主堂を斜め後ろから見る景色はすばらしい。遠くに浦上の信徒がその頂から外海の赤岳を拝んだという岩屋山がそびえ、近くに「城ノ平古城址」も一望される。

「長崎近郷之図」に描かれた浦上村山里庄屋屋敷
（長崎歴史文化博物館蔵）

山里中学校脇を上った中野郷赤城墓地には、長崎大司教区の「聖職者之墓」（慰霊碑）があって、これまで登場したド・ロ神父、里脇浅次郎枢機卿（すうききょう）、プティジャン司教、ロケーニュ司教などの名前が刻まれている。聖フランシスコ病院手前の左手に広がる本原郷こうらんば墓地には高木仙右衛門ら著名な信徒の墓がある。同病院から道路を隔てて、仙右衛門方裏の秘密教会聖ヨゼフ堂跡、又市方後手の聖マリア堂跡の石碑が建つ。

下って浦上川右岸、大橋の傍にはサンタ・クララ教会跡を示す重厚な石碑が見え、近くの民家内に聖クララ堂跡の石碑がある。家野郷阿蘇墓地は商業地・住宅地の中にある大浦教会管理地で、ここには仏塔も多い。

また、浦上天主堂からサントス通りを上がると右手に帳方屋敷跡（如己堂・永井隆記念館）、先を左に折れると中野郷いよ方裏の秘密教会聖フランシスコ・ザベリオ堂の石碑が建つ。

原爆による破壊もあって石碑・墓地が多いが、浦上の特異な信仰の歴史をたどることができる。

浦上四番崩れと維新政府

河津伊豆守は最後の長崎奉行である。後に口述筆記された『仙右衛門覚書』によれば、河津奉行は入牢中改心（棄教）しなかった高木仙右衛門を奉行所に呼び、自分はフランスに行ったことがあり（横浜鎖港談判使節団）、キリスト教は良き教えとわかっているが、今は許すことはできないとして、改心を求めたという。

さて、鳥羽伏見の戦いで幕府軍が敗れたことはすぐに長崎に伝わった。慶応四（一八六八）年正月十五日、河津奉行は長崎警備担当の福岡・佐賀両藩に後事を託して長崎港を脱出し、居留地を抱えた長崎が戦場になることはなかった。

河津奉行脱出後の一ヶ月間は、薩摩藩の松方正義、土佐藩の佐々木高行らを中心とした長崎会議所が政務を掌握した。同年二月十五日、総督として沢宣嘉（のぶよし）が着任し、長崎裁判所が長崎および長崎代官領を支配することになった。長崎裁判所は行政・外交機関であり、この後長崎府、長崎県へと変わっていく。

維新後浦上キリシタンは、復古神道を軸とした新政府の宗教政策によって大変厳しい境遇に置かれることとなった。新政府が掲げた「五榜の掲示」には「切支丹邪宗門ノ儀ハ堅ク御制禁タリ」とあるように、切支丹邪宗門の方針が継承・強化されたからである。

元公卿の沢総督には、浦上宗門一件について首魁者を死罪、その他は流罪という考えもあったらし

こうらんば墓地にある高木仙右衛門の墓（長崎市石神町）

いが、諸外国は自分たちの宗教に関わるだけに、この一件に対する目は厳しい。

それとて新政府も妥協はできない。というのは、キリスト教は唯一デウスを信じる一神教であり、天照大神の後裔である帝（みかど）が日本を統治するという新体制とはまったく相容れないからである。信仰が深まり、教義の理解も進んだ信徒たちは、天照大神など神々を祀る神社を参拝せず、寺の檀家も拒否している。新政府は長州の大物・木戸孝允（たかよし）を長崎に派遣して政府方針を実行に移した。

まず、首魁の人物百十四人を選び、萩（長州藩）に六十六人、津和野に二十八人、福山に二十人を移送した。石見の津和野藩は国学が盛んなところで、キリシタンを教戒し、改宗させることを希望したという。一般村民の移送は明治二年十二月（一八七〇年々頭）の厳寒の時期に三千余人が集められ、名古屋・富山以西の各藩に総流配された。指揮をとったのは中央から派遣された大村藩出身の渡辺昇である。これを浦上の信徒は「旅」と呼ぶ。「旅」が終わるまでを浦上四番崩れと総称する。

苛酷な「旅」

浦上信徒三千人余の移送について、渡辺弾正大忠（昇）と松方日田県知事（正義）から新政府の弁官あてに報告がなされた。概略を記す。〔　〕内は筆者注。

・家頭の者すべてと病人に対し路費を与えた〔家頭は今日でいう世帯主〕

・老弱病身の輩は、陸地は乗物に乗せ、草履など支給した

・家財は持ち越してよい、残すものは最寄りの丈夫な蔵へ収納し、追って沙汰する

・風雪・寒気が強いので「酒」を与え、途中でも望むときは飲ませる

・途中不都合なきよう護送の者に申し付けた

・到着した藩でも不自由なきように手当てすると申し聞かせると「大に安心出立仕候」

急きょ着の身着のままで集められ、名古屋藩・富山藩から鹿児島藩まで二十藩に移送されたのだから、家財の処置・処分などする暇もない。なによりこの先命があるかどうかもわからない状況での「旅」であった。

こうした報告は、長崎県知事より外国領事館側へも伝達されたようで、厳しい反論がなされている。主なものだけ取り上げてみよう。

・病人や出産したばかりの婦人を、その家より引き出し、蒸気船に乗り組ませたため、死去した

萩で信徒が座らされ、改心を迫られた「拷問石」
（現在浦上天主堂前庭に移設）

・〔大雪厳寒のとき〕人数およそ三十人、赤脚（せっきゃく）〔素足〕で歩くのを見た

・到着後不自由なきよう各藩へ通達したというが、準備の日数もわずかで信じがたい

・彼らはまったく宗門〔キリスト教徒〕の理由だけで無理に捕らえられ、遠郷へ送られた

・厳寒の折、家から連れ出され、家族と引き別れ、他郷へ移されるという残酷な処置には、文明諸国のさげすみを受けること必定（ひつじょう）なり

・なぜ西洋各国が多く信仰するところの宗旨に随う罪のみにて極（ごく）勉強なる〔勤勉な〕人民に苛酷の処置を施すのか理解しがたい（以上、「異宗徒甲第七号」など）

これに対し日本側の弁明は、彼らは生まれてこのかた素足歩行する者が多いとか、各藩には心得方を厳達しているから決して不都合はないはず、などほとんど弁明になっていない。ただ、日本にては開闢以来皇統連綿として国民みんなが尊崇する神明に、キリスト教徒が不遜不敬の所行に及ぶならば改

心させねばならない、というのが主たる主張だろうか。

信徒たちは新政府が用意した船に詰め込まれ、その後各藩に引き渡された。その待遇は藩によって大きく異なったようだ。総流配の信徒を預託された藩と人数は次のとおり。資料によって数字に違いがあり、ここでは主として「異宗門徒人員帳の研究」（『片岡弥吉全集3』智書房）を参照する。

富山藩　四十二人、金沢藩　五百十七人、大聖寺藩　四十四人、名古屋藩　三百七十五人、津藩　百五十五人、郡山藩　八十六人、和歌山藩　二百八十一人、姫路藩　四十八人、岡山藩　百十七人、福山藩　九十七人、広島藩　百七十七人、鳥取藩　百六十一人、松江藩　八十八人、津和野藩　百五十三人、萩藩　二百九十七人、徳島藩　百十一人、高松藩　五十一人、松山藩　八十六人、高知藩　百十六人、鹿児島藩　三百七十五人、合計　三千三百七十七人

生児百六十三人、死亡は六百十三人、改心して帰郷した者は千十一人（その後信仰に立ち帰った者も多い）、改心せずに一八七三年に釈放され、帰郷した者は千九百人、などであった。

二十藩は、およそ新政府の威令が及ぶ範囲にあって十万石以上の藩である。津和野藩だけは四万三千石の小藩ながら百五十三人を受け入れて説諭し、苛酷な手段で改心を迫った。三尺牢（縦横高さが約一メートルの牢）に入れて身体の自由を奪い、氷の張った池に突き落とすなどしたことはよく知られている。

それでは最も多くの信徒を受け入れた金沢藩の例を紹介しよう。金沢在住の友人・梅田和秀氏から、金沢名物「どじょうの蒲焼き」には浦上キリシタン由来という伝承があると聞いていたので、二〇一九

金沢名物「どじょうの蒲焼き」の店頭

年夏の盛りに金沢へ行き、まずは梅田氏の案内で五百人余が収容されていた卯辰（うたつ）山を訪れた。現在は加賀百万石の城下町を見晴らす総合公園になっている。

一八七〇年々頭の厳寒期、家頭の者たちが織屋と呼ばれた機織り授産施設に入り、残りの家族たちは湯座屋（入浴施設）に収容された。当時卯辰山は金沢藩の総合福祉センター構想が、版籍奉還後資金面で行き詰まっており、浦上信徒収容に利用されたわけである。施設が新しいだけに雪の中を行進してきた信徒たちは安堵したかもしれない。

しかし、麻疹の流行で子どもたち四十人以上が死亡し、腸チフスも発生した。金沢でも食事が減らされ改心を迫られたのは他藩と同様である。こうした収容環境への西洋人の非難が待遇改善につながり、日銭稼ぎも許されるようになった。信徒たちは「どじょうの蒲焼き」を作り、子どもたちが城下を売り歩いたというのだが、確実な史料はなく、伝承の域を出ないようだ。

ただ、猛暑のなか食した「どじょうの蒲焼き」はビールのツマミに最高だった。なお、現在浦上には伝わっていない。

帰郷、なお苦難は続く

欧米を視察中の岩倉使節団は、各国で浦上キリシタン弾圧を非難された。条約改正どころではなく、岩倉具視は日本政府にこの問題の善処を要請した。これを受けて一八七三年二月二十四日、キリシタン禁制の高札が撤去されたが、これは公認ではなく黙認である。翌三月十四日には長崎県下異宗徒の釈放が決定し、四月から八月にかけて流配先の各県から信徒たちが帰郷した。

金沢の例でいうと、廃藩置県後金沢藩は大聖寺藩を併せて石川県となり、大聖寺の信徒たちも卯辰山に合流した。このころは収容形態も家族単位になっていたようだ。石川県で生まれた子どもは五十九人いる（全体では百六十三人）。石川県からは四百五十九人（不改心者）が六月七日に帰還したが、住む家がない者たちが二百人以上いた。全体では約六百人である。

長崎県では、仮小屋三十五ヶ所、約六百坪の長屋を建てて希望者を入居させることにした。小屋建てには原則異宗徒を雇い、官有林からなるべく悪木を切り出して使用させた。

まずは食糧の確保が問題である。田畑の所有権は残っていても他人が耕作していると、即返還というわけにはいかない。それでも極度の窮乏生活がようやく一息つきかけた翌一八七四年夏、浦上村に赤痢が流行し、八月二十一日には台風が長崎地方を襲った。この台風は完成したばかりの長崎県庁舎を倒壊させ、浦上村でも住家・仮小屋、田畑・作物の被害が甚大だった。

浦上天主堂で記念撮影した金沢からの帰還者
（撮影は1929年。『信仰の礎』より）

また赤痢の流行は、志賀潔が一八九七年に赤痢菌を発見する前であり、治療や予防措置も十分確立しておらず、なにより村民は「旅」とその後の食糧不足で体力が衰えていた。駆けつけて治療にあたったのがド・ロ神父であり、その助手として「旅」から帰った岩永マキら若い女性や青年たちが活躍した。二百十名の患者に対し八名の死亡でとどまったという。岩永マキらは、この後浦上十字会を結成し、孤児養育に携わった（浦上養育院）。現在のお告げのマリア修道会につながっている。

帰郷から十年たった一八八四年、なお浦上村民の生活は厳しく苦しい。「天主教信徒」二一七〇人は六人の惣代を立てて、長崎県に「旅」のときの空き家入札金、所持品払い立て代金などの下げ渡しを願い出た。長崎県では、彼らがかなりの難渋生活を送っているとして、今後再願しないことを条件に、異宗徒関係県預かり金九百五十円から六百六十八円余を下げ渡した（「明治十七年　庶務課庶務係事務簿　浦上山里村」）。

天草崩れ前史

天草は、熊本県本土に近い方から大矢野島、天草上島、一番大きな天草下島（淡路島より少し小さい）が位置し、その三島と小さな島々から成り立っている。上島は五百～六百メートル、下島には四百～五百メートルの山々が連なり、まとまった平地はほとんどない。長崎県の外海地方を拡大した地勢ともみえる。現在は宇土半島先端の三角からの架橋（パールライン）で、熊本県本土と直接結ばれているが、近世・近代には下島北部・西岸部は長崎県域と、下島南端部の牛深は鹿児島県域との関係が深かった。現在もそれぞれ航路が存在する。

戦国時代末期の天草は、天草五人衆と呼ばれる国人領主が分割支配していた。天草五人衆とは、天草氏・志岐氏・大矢野氏・栖本氏・上津浦氏の五氏をいい、最も有力な天草氏はルイス・デ・アルメイダの布教活動を支え、イエズス会とも関係が深い。

豊臣秀吉の九州平定によって、肥後国は佐々成政が国主となり、ついで加藤清正が北肥後を、小西行長が南肥後を支配するようになった。天草は行長の監理下に入ったが、天草五人衆は従わず、行長は清正の助勢を得て天草を鎮圧した。秀吉の禁教政策は続いていたから、コレジオが島原半島の加津佐から天草の河内浦に移転し、附属の印刷所ではイエズス会版（天草版）の『平家物語』や『伊曽保物語』その他が刊行された。一五九〇年代の一時期、天草にキリシタン文化の中枢があったことにな

天草四郎陣中旗（天草市立天草キリシタン館蔵）

る。しかも、行長はキリシタン大名であり、関ヶ原の敗戦で斬首されるまで、天草のキリスト教世界は繁栄した。

さて、徳川政権下で肥後の国持ち大名（相良領を除く）となった加藤清正だが、天草の領有を望まず、その替わりの領地を豊後国に得た。熱烈な日蓮宗信徒でもある彼は、キリスト教世界統治の困難さをよく知っていたからという。

天草は唐津藩主・寺沢広高が支配して厳しい検地で四万二千石を打ち出し、下島北部の富岡城を支配の拠点とした。この四万二千石は、天草の生産力を大きく上回る石高であり、天草一揆の要因となった。寛永十四（一六三七）年、数年来の凶作と重い年貢に耐えかねた天草の農民が蜂起し、富岡城を攻撃したが、落城にはいたらなかった。その後、主に上島や大矢野島の者たち数千人が、天草四郎を押し立てて対岸の原城に籠もった。「天草丸」は彼らが守備したところという。

一方、下島の多くのキリシタンは原城に渡らず、その後幕府の禁教政策のもとで潜伏をよぎなくされた。

潜伏する天草キリシタン

一六三八年、一揆の責任を問われて寺沢氏が天草領四万二千石を召し上げられた後は私領と天領を繰り返した。生産力が低い天草での私領経営は難しかったと思われる。天領もはじめは専任代官だったが、島原藩預かり地（譜代の島原松平氏）、日田郡代兼任、長崎代官兼任（高木氏）と続いて明治維新にいたった。

一六四一年に専任代官として天草に赴任した鈴木重成は、総大将・松平信綱に従って原城攻撃に参戦した経歴を持つ。治政にあたって絵踏みを厳しく実施するとともに、寺院や神社を創建・再建し、さらに禅僧になっていた兄の正三を招いて領民の教化をはかった。

そのため正三が著した「破吉利支丹」の具体例を一部紹介しよう。「破して云」に続いて、デウスが畜類（獣）と人間の霊を作ったというならば、どうして人間の霊に悪心を作り添え、地獄に落とすのか、すると人間を地獄に落とすのは、ひとえにデウスの業である、とキリスト教を批判した。

弟の鈴木代官は、天草の石高半減を幕府に再三嘆願し、叶わなかったので切腹したと伝えられるが、病死説もある。石高半減は、重成のあと代官を嗣いだ重辰（正三の子）のとき実現し、天草は二万一千石となった。こうした鈴木兄弟の事績が潜伏するキリシタンの動静にどう影響したかはわからない。

さて、一八〇〇年ころの天草は島原藩預かり地である。浦上一番崩れの関連でも天草に異仏があり、

﨑津から出土したメダイ　横顔の人物はイグナチウス・デ・ロヨラ
（﨑津コレクション、日本二十六聖人記念館蔵）

邪宗信仰の風聞が長崎市中に流れていた。島原藩では、長崎奉行の町方秘書ともいうべき年行司の末次忠助が問い合わせてきたことから、天草宗門一件の処理に取り組む方針を固めた。以下、天草崩れに関しては、主として古野清人氏（元北九州大学学長）と児島康子氏（歴史研究者）の諸論考を参照させていただいた。

かつて天草切支丹一揆が起きた土地柄である。島原藩の富岡役所は慎重に内偵にとりかかった。探索の対象となった地域は、天草下島南西部の大江村・﨑津（さきつ）村・今富（いまとみ）村である。現地探索に大いに貢献した者として高浜村庄屋の上田源作がいる。弟の友三郎が今富村庄屋となって、村民の信仰実態を調べ上げ、﨑津・大江両村を合わせると、およそ五・六千人もの異法信仰者の存在が明らかになった。

主だった者は異仏を所有し、中には牛を殺して肉を祭壇に供え、食する者もいた。牛肉がない場合は魚を用いたが、仏教徒にはあるまじき習俗である。

今富村ほか二村での吟味

文化元（一八〇四）年、島原藩では天草宗門一件について、これまでの内偵をもとに幕府への「伺書」を作成した。

辺鄙な土地の愚昧な百姓どもが「心得違」して先祖より伝えられた信仰を続けており、天草一揆の歴史も踏まえて徒党（暴動）や逃散が起きないように、なるだけ「穏便」な方法で吟味にとりかかりたい旨、勘定奉行公事方に提出した。月番の奉行・松平兵庫頭信行は温厚な性格の人物で、彼が月当番のときを見計らって提出されたようだ（「天草吟味控」）。

宗門のことだけに長崎奉行とも連絡を取り、島原藩内での協議、江戸在府の藩主の承認も経た「伺書」である。幕府側からの回答は「伺書」の付紙に指示が簡略に記されるが、この場合およそ書面のとおりでよいとの回答を得て、島原藩は翌年吟味にとりかかった。その際、幕府勘定奉行・松平兵庫頭様の御下知によりとすると、百姓どもが恐れをなして心得違いの行動に出るかもしれないので表に出さないよう庄屋らに指示する慎重さである。

以下、三月十日（旧暦）に始まった吟味の様子を「今富村百姓共之内宗門心得違之者糺方日記」を中心にみてみよう。島原藩は「邪宗門」をあぶり出すのではなく「心得違」していたことを十分理解させることに主眼を置いた。吟味の指揮者は、島原から富岡役所に奉行として赴任した川鍋次郎左衛門である。

現地で吟味にあたる者は、檀那寺の江月院（曹洞宗）の僧と庄屋たちで、それも他所の村の大庄屋・庄屋が担当した。今富村には長岡五郎左衛門（御領組大庄屋）と上田源作（高浜村庄屋）が出向いた。

まず、内偵でおよそ調べ上げている主だった者たち数十人を次々と呼び出して取り調べたが、「一向存不申」と答えて恐れ入る様子はない。大江村では八幡宮神前に物入れを置いて、夜中に仏像など投げ入れるようになっていると申し聞かせたが、今富村では賽銭の他何もなかった。

それでも辛抱強く対処した結果「心得違」の誤りを認め血判をして差し出すので「何卒御憐愍」に願いたい、というところまできた。異仏など信仰具については氏神拝殿に投げ入れるが、後日お糺しなきよう願いたいという。なかなかしたたかである。

大江村の異仏・大黒天木像
（天草市立天草キリシタン館蔵）

これに対し川鍋奉行は納得しない。なんでも心底改めたうえで「御慈悲」を願うべきで、さもなくば役所へ呼び出して吟味すると通達した。

天草の潜伏信仰の実態

大江・﨑津・今富の三村の吟味が一段落した後、高浜村の一部にも異法信仰者がいるとして吟味が行われた。結局、四村合わせて約一万人余の村民のうち、五千人以上が「心得違」の者とされた。大江・﨑津・今富の三村に限れば六・七割に達する。

大江組大庄屋の松浦四郎八、高浜村庄屋の上田源作、﨑津村庄屋の吉田宇治之助、今富村庄屋の上田友三郎が連名で出した文書には、村内の者たちに疑いをかければ残らず疑わしく、無理に口外せずに自分たちで秘密にしてきたが、葬送については厳重に監視してきたと言い訳をして、切支丹の遺風、先祖の悪習を受け継いだものであるから、お慈悲をもってご裁許いただきたいと記されている。

また、天草十組の大庄屋と富岡町庄屋の面々も、異法信仰の者たちは隠さずにみんな白状し、これまでの「心得違」を後悔しており、現在は「至極神妙」に「御年貢向ハ無遅滞（ちたいなく）差出」、諸公役などもきちんと勤めているのでお慈悲を、と富岡役所に願い出た。これらの史料は「宗門心得違一件ニ付江戸行書付」にあって、おそらく江戸に送られたのであろう。

ここで天草下島西南部の「心得違」の者たち、つまり潜伏して百五十年以上を経た信仰の実態をみてみよう。今富村の太郎左衛門は信仰組織の主だった者らしい。彼の「口上覚」などによれば、まず天地のでいうす様が作り神（主宰神）で、「あんめんしんす」を二拝して唱える。他の史料では「じん

鉄川与助設計・施工、ロマネスク様式の大江天主堂
下ると大江の集落が広がる

す」・「りうす」と表記されたものもある。仏像持ち（異仏所持者）以外は祈りの言葉を知らず、これだけを繰り返し唱えるという。

年間の行事をみると、月々七日七日を祝日と致し、種まきをせず、金物を扱わない。つまり日曜には月代（さかやき）をせず（剃刀を使うため）、針仕事もしない。日繰りで十一月（旧暦）中の一日を祝日とし、四足二足を供えて食する。すなわち御誕生（クリスマス）の祝日には牛や鶏の肉を供えて食べる、というのである。天草の潜伏信徒発覚のきっかけは、牛を殺して肉を供え、食するという習俗にあった。いつも牛が手に入るわけではないので魚も代用されていたが、とくに漁師集落の﨑津村は魚が多く使われたようだ。

ところで、外海地方とそこから五島列島に移住した人々の集落では、一九六〇年ころシバ山羊という白い小型の山羊が千二百頭余り飼われて、神様に供え食用にもされていた。現在はあまり見かけない（松尾公則

『長崎県の哺乳類』長崎新聞社)。

御誕生の祝日から五十五日間を過入といい、この間四足二足を供え自分たちも食べてよいが、ありあわせの魚肉で済ます。それから悲しみの節に入り、四十九日目を上がりといってお祝いする。これは精進の期間である四旬節と、復活祭にあたる。崎津村では精進のとき豆腐を食べ、上がりの祝日には魚肉を用いて握り飯を食べる。今富・崎津両村とも四十九日目とあるが、下組という組織では四十六日目とあって、こちらが外海などの日繰りと同じである。潜伏組織は村を横断していたようだ。

今富村の太平次の「申口」によれば、出生の子供を宗門に入れるときは、本尊に少しの水を供え、その水に十文字を書き、またその水に紙を浸して、それを子供の額に当てる。これを「十文字判」という。

洗礼を授ける水方は「善人様」ともいわれる。女子出生の節は、異名を「マルヤ」(マリア)と名付け、男子出生の節は「ジュワン」(ヨハネ)あるいは「ヘトロ」(ペトロ)とも名付ける。その他の名も少しあるが、女子はほぼマルヤ、男子もジュワンが大半である。この点、抱き親の洗礼名を付けるのが一般的な長崎県外海地方の多様な例とは大きく異なる。

祈りの例もみてみよう。今富村では墓参のとき、手を組んで「あんめんじんす」と唱える。埋葬のときは、「あんめんじんす」を心中で唱え、声には出さない。神社参詣はその神の名を唱えて拝し、寺へ参るときは「南無阿弥陀仏」と唱えるという。なにかしら怪しい。吟味中脅されて差し出した書付

漁村らしい密集した﨑津集落と﨑津天主堂

である。

「大江村宗門心得違之者御吟味日記」によれば、科（とが）の許しを願う「とがのおらっシヤ」、「経（きょう）消し」の祈り、「コンチリサン」の一部、「とうのまどめ」（十戒）などが伝わっているが、全体が簡略化された印象を受ける。

さて、吟味開始から一月（ひとつき）余りたった四月十七日、今富村の四右衛門曾孫の藤左衛門から「異物掛物一幅」、また藤吉忰の庄助から「十文字ノ上ニはり付之人形有候異仏」が差し出された。曾孫・忰とあることからして組織の主だった者のようだ。後者はキリストの像と推測でき、おそらく両者ともキリシタン時代からの伝世信仰具であろう。

一方、潜伏時代の信仰具として大黒天・土人形・丸鏡・寛永通宝などや、﨑津漁師集落にはアワビ貝もあった。この生活と結びついた信仰具の存在が、禁教時代に絵踏みが行われた庄屋屋敷跡地に建つ天主堂とともに、﨑津集落が世界文化遺産に選ばれた理由でもある。

宗門吟味一件その後

天草の信仰実態をみると、イエズス会宣教時代の信仰が残ってはいるが、原城の戦い後の厳しい禁教体制下にあって、生月島の捕鯨産業のように信仰を側面から支える経済力はなく、信仰・教義の継承は難しい。自然と現世利益を頼む民俗宗教的な性格が出てきたと思われる。

それでも、一八七三年のキリスト教黙認後、長崎港の神ノ島信徒が来島してカトリックへの改宗を誘い、続いてパリ外国宣教会の宣教もあって信徒は増え、大江村と﨑津村には教会堂が建てられた。フェリエ神父は多くの孤児を救い、大江天主堂を建てたガルニエ神父は、北原白秋らの『五足の靴』に登場するパアテルさんである。今富村では信仰組織の指導者がカトリックへの改宗を拒んだといわれ、第二次世界大戦後まで潜伏組織（かくれキリシタン）が残っていた。

さて、結局吟味一件は、異法信仰「心得違」の者が全員改めて絵踏み（島原藩では影踏（かげふみ）という）をすることで決着した。軽い処置だが、島原藩として当初から望んでいた結果であろう。『上田宜珍日記 文化二年』（上田陶石合資会社・天草町教育委員会）に七月四日（旧暦）「御酒頂戴」とあるから、これが一段落というところか。

また、同『日記』によれば、文化五（一八〇八）年正月、公事方勘定奉行の松平兵庫頭からの書付が島原藩に届き、老中の指図により吟味にあたった庄屋たちに褒美が与えられた。幕府の安堵がうかがわれる。とくに高浜村庄屋の上田源作（宜珍）に対しては、一代大庄屋格、帯刀御免、白銀十枚（約七両）という破格な褒美であった。他が白銀七枚（四人）、同五枚（四人）、同三枚（二人）だったから、上田源作だけ際立っている。なお、島原藩も川鍋次郎左衛門（郡方奉行）に五十石加増などの行賞を行った。

ところで、上田源作とはいかなる人物であろうか。高級白磁を焼くには、鉄分やチタン含有が少ない天草陶石が欠かせない。かつて平賀源内が「天下無双の上品」と激賞したそうだが、この天草陶石は「砥石」の形で有田・伊万里・波佐見・三川内などの窯業地域に廻船で運ばれた。源作自身廻船を所有して米や唐芋（サツマイモ）、干鰯（肥料）なども運び取引もしていた。

上田宜珍（源作）肖像
（上田陶石合資会社蔵）

そのため天草下島へ商品流通と情報の波が押し寄せていた。陶石を生産・出荷するだけではない。長崎から輸入絵薬を購入し、肥前焼の技法に学んで陶磁器を焼いた。こうしたことが天草崩れ発覚の背景にあったのではないか。

なお、陶石の生産・販売や陶磁器制作といった上田家の事業は現代に継続されている。

第五章

五島列島と黒島の地勢とキリシタン集落

五島列島　地勢と歴史

日本の西海に横たわる五島列島は、高速船に乗ると長崎・佐世保から約一時間半で着く。値賀島ともいう五島列島の主要な島をあげると、北東から南西方向に宇久島・小値賀島・中通島・若松島・奈留島・久賀島・福江島の七島が並んでいる。なぜ「五島」かについては諸説あって、一般に南松浦郡に属する中通島以南の五つの島をいうが、南松浦郡は一八七八年制定の郡区町村編制法以降である。

鎌倉・室町時代の史料「青方文書」によれば、小値賀島と浦部島（中通島・若松島のこと）の範囲を「小値賀」といっていた。しかし、後に縮小して現在の小値賀島になったらしい。「大値賀」は最も大きい福江島のことで久賀島はこれに属し、「小値賀」を小値賀島と浦部島に分ければ、宇久島と奈留島を合わせて「五島」になる。なお、鎌倉時代「小値賀」の地頭職は、海の武士団である松浦党の峯氏が有していた。峯氏は成長して戦国大名・平戸松浦氏となり、さらに平戸藩主となる。江戸時代も小値賀島は平戸藩領であり、中通島にも所領が存在していた。

もう少し歴史を概観すると、奈良時代少し前から平安初期にかけては五島西岸が遣唐使の出航地である。平安中期の女流文学「蜻蛉日記」には、死者に会える島として「みみらくの島」（国指定名勝）が登場し、福江島の三井楽がそれにあたる。鎌倉・室町時代には、松浦党が五島列島の浦々を基地に海商・海賊として中国・朝鮮半島との交易（略奪）に躍動した。

一五〇〇年ころ松浦党の宇久氏が有力となり、宇久島から福江島に本拠を移して勢力を伸ばした。深江の港（現・福江港）には、東シナ海を行き交う貿易船が集まり、明人倭寇の頭領・王直は深江に拠点を置き、ポルトガル商人も来ていたらしい。

キリスト教の布教は、ザビエルが平戸に来た年から十数年後である。一五六六年にはイエズス会のトーレス布教長の指示で、ルイス・デ・アルメイダとロレンソ了斎が福江島に渡って宣教活動を行った。アルメイダ修道士は医師でもあり、ロレンソは山口でザビエルから洗礼を受けた目の不自由な日本人修道士である。アルメイダは得意の医学を生かすなどして領主・島民の信頼を得、その後もイエズス会は五島の信徒を増やしていった。

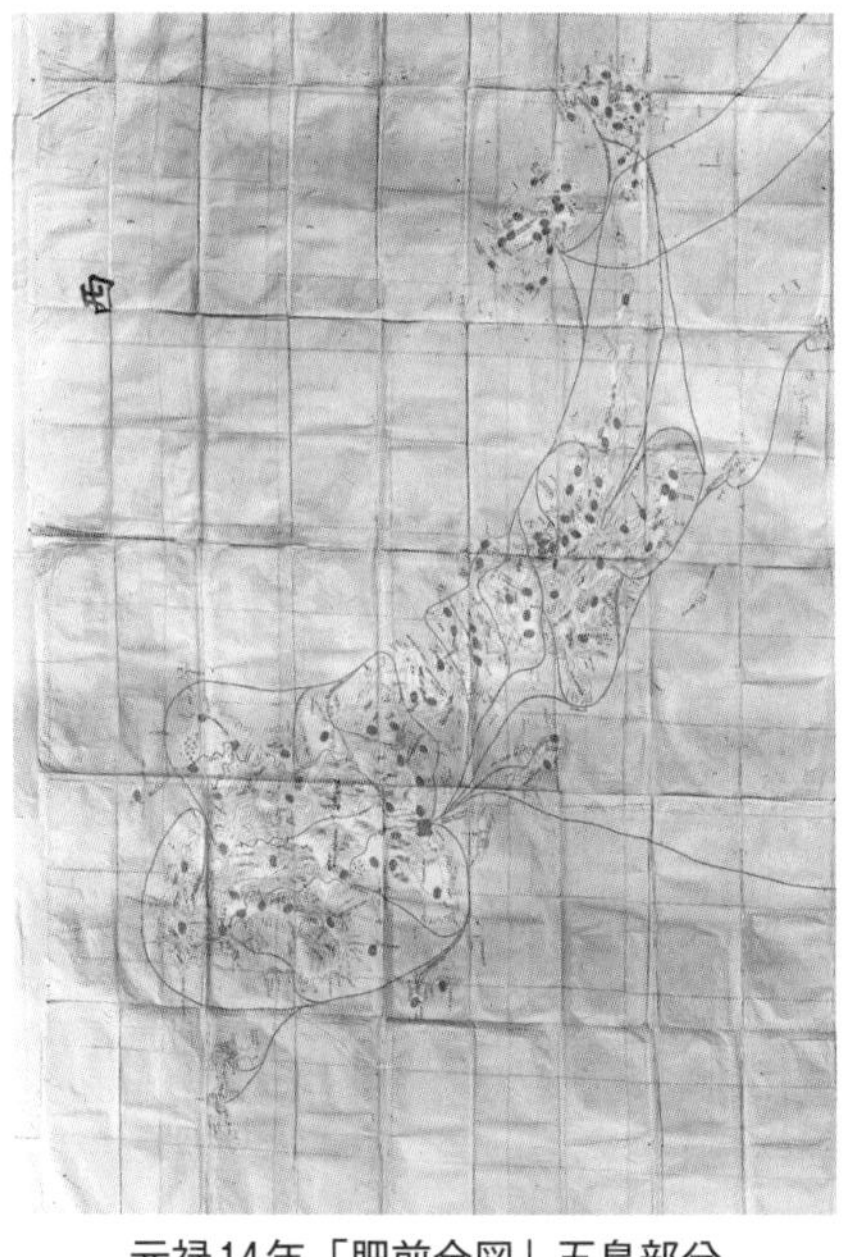

元禄14年「肥前全図」五島部分
（長崎歴史文化博物館蔵）

一五九二年から始まった朝鮮出兵には、宇久純玄以下七百人が小西行長の第一軍に参陣し、このとき宇久氏から五島氏に改めた。この機に宇久島から福江島まで五島全体を掌握しようとの思惑もあっただろう。

頭ヶ島集落の成立

「長崎と天草地方の潜伏キリシタン関連遺産」を構成する十二資産のうち四資産が五島列島にある。共通しているのは、外海から移住し、厳しい環境に耐えて畑を切り開き、集落を営んだ、その多くが潜伏キリシタンだったということである。

まずは、新上五島町の頭ヶ島（かしらがしま）集落を紹介しよう。中通島の北東部に位置し、宇久氏の奥方が妊娠中遭難したという伝承がある孕（はらみ）瀬戸を隔てた周囲約八キロの小さな島である。江戸時代には疱瘡（天然痘）患者を隔離する小屋があった（藪（やぶ）という）。現在は世界保健機関（ＷＨＯ）から根絶宣言がなされているが、当時の人は近付かない。近年海岸の発掘で、疱瘡病死者の埋葬と思われる四十五体の人骨が出た。十八世紀のものらしい。

さて、一八五八年に前田儀太夫という人物がこの島の開拓を企画して賛同者を募ったところ、翌年からこれに応じた人々が集まり、田畑を開いていった（前田儀太夫墓碑「頭ヶ島由来記」）。彼らが、いわゆる潜伏キリシタンだったわけで、密かに信仰を守るためには都合の良い土地と判断したかもしれない。

もっとも、長崎では一八四九年にオランダ商館医モーニケと楢林宗建によって牛痘接種が行われ成功していたから、十年後のこのころは五島でも牛痘接種が行われていた。

一八六五年の信徒復活の二年後、頭ヶ島キリシタンの指導者であったドミンゴ松次郎は大浦天主堂を訪ね、教義を学ぶとともに神父の派遣を要請した。派遣されてきたのがクザン神父である。ミサは松次郎の家を仮聖堂にして行われ、これを知った五島各地の信徒が教えを求めて頭ヶ島に集まってきた。開拓が始まってから十年後の住民は、百三十人に増えたという。前田儀太夫一家を除けば、みんなキリシタンである。

ところが、一八六八年から明治新政府は、キリシタン邪宗門として強硬な弾圧政策を実施した。五島でも久賀島から始まった弾圧が上五島に及び、頭ヶ島の信徒たちは出奔(逃亡)あるいは拷問を受けて改宗を余儀なくされた。

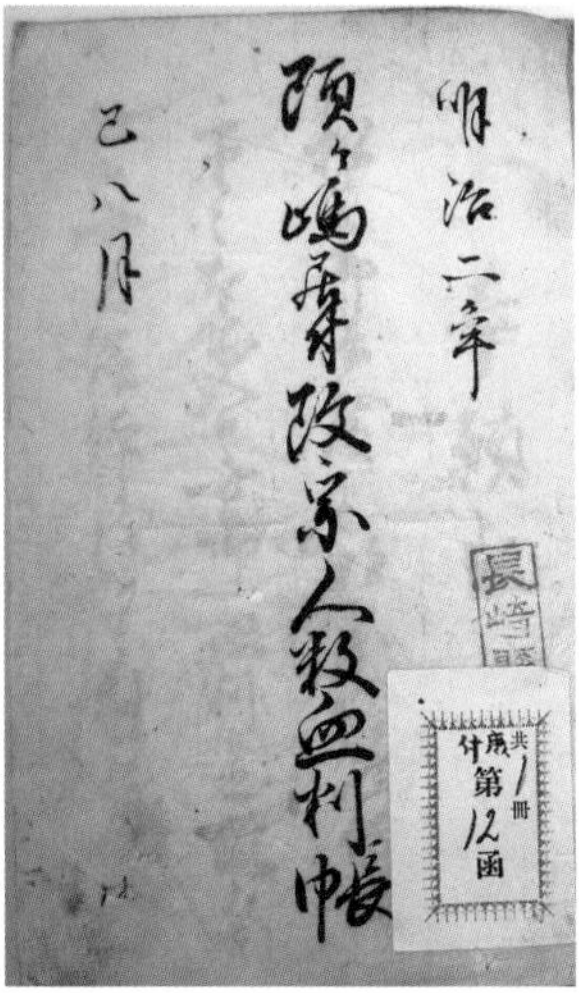

五島藩役人に差し出された「明治二年　頭ヶ島居付改宗人数血判帳」には、私たちは御法度の邪宗門を信仰し、恐れ入り奉ります、血判をして改宗を誓いますので、今後信仰したならば、打ち首になってもよろしいです、と書かれている。ここに四十人の名前が記され、血判もみえるが、一八七三年信仰が一応認められて後は、多くがキリスト教に復帰したものと思われる。なお、前田儀太夫一家も孫の代にカトリックに改宗した。

「明治二年　頭ヶ島居付改宗人数血判帳」(長崎歴史文化博物館蔵)

頭ヶ島天主堂と鉄川与助

約六万人のカトリック信徒がいる長崎県には多くの教会が存在し、新上五島町だけでも二十九の教会があるが、石造りは頭ヶ島天主堂だけである。全国的にみてもきわめて珍しい。この天主堂は、頭ヶ島信徒の並々ならぬ苦労と辛抱、それに教会建築の達人・鉄川与助の技が合わさって完成した。

完成までの経緯をみてみよう。一八七三年キリスト教が認められると島に信徒が戻ってきた。明治の中ごろには木造の教会が建てられ、さらに一九一〇年ころ本格的な教会建設が始まった。鉄川与助は島の信徒たちの貧しい経済状況を考え、島内に豊富にある良質な砂岩を使って建設することにし、経費節減のため信徒たちも工事に参加した。

天主堂側面の石材を見ると「三九五」などと漢数字の彫り込みがある。これは三尺九寸五分の長さを表しているらしい。それにしても膨大な労力を費やしたもので、足腰を痛めた者が多数出たという。工事は資金不足から数度中断したが、一九一九年にいたってようやく完成、献堂式を迎えた。二〇一九年は献堂百周年にあたり、十一月十一日には記念式典が行われた。

頭ヶ島天主堂の建坪は約四十坪しかない。しかし、石造りのため外観は重厚な感じを受ける。正面に八角ドームを戴いた方形の塔は、いかにも鉄川与助らしいと建築家はいう（川上秀人ほか『鉄川与助の教会建築』）。中に入ると印象は一変し、可憐な白い花が咲く、やさしい空間が広がっている。天井

頭ヶ島天主堂

は、折上天井、舟底天井と呼ばれる構造で、教会に多いリブ・ヴォールト天井（コウモリ天井）ではない。

鉄川与助についても簡略にまとめておく。一八七九年に魚目村（現・新上五島町）の大工棟梁の家に生まれた。尋常小学校高等科を卒業後大工修業に入り、一九〇六年には鉄川組を立ち上げた。このころから教会建築に携わり、パリ外国宣教会のペリュー神父や、後にはド・ロ神父にも学ぶ機会を得た。

一九〇七年棟梁として初めて設計・施工したのが冷水教会（木造、新上五島町）、続いて旧野首天主堂（煉瓦造、小値賀町）、青沙ケ浦天主堂（煉瓦造、新上五島町）、今村教会（煉瓦造、福岡県大刀洗町）、江上天主堂（木造、五島市）などを建設した。一九二九年の紐差教会（平戸市）は鉄筋コンクリート造である。一九二三年の関東大震災の影響は大きく、以後この構造が主流となったが、それでも最後に設計した水ノ浦教会（五島市）は木造であった。生涯の教会建築はおよそ三十棟、うち重要文化財指定が五棟ある。

【コラム】 頭ヶ島のミナミヤモリ

頭ヶ島の、すぐ東方に平島(ひらしま)が見える。この島は西海市(旧大村藩領)に属し、その東には江島(えのしま)、さらに行くと崎戸に着く。これらの島伝い海路は、天候を熟知しておれば古来小さな船でも比較的容易に航行できたと思われる。小船を住居とし、大村領・五島領を行き来して漁業・行商を営んでいた家船(えぶね)の人々の例もあり、現在も崎戸商船のフェリー「みしま」が、西海市崎戸港と新上五島町友住(ともすみ)港の間に就航している。

ところで、なにゆえ突然ミナミヤモリかというと、友人の松尾公則氏(長崎県生物学会会長・長崎女子短期大学教授)から、頭ヶ島には鹿児島県・沖縄県および台湾が生息地であるミナミヤモリがいると聞いたからである。彼は両生類・爬虫類の専門家で、「長崎県に生息する4種のヤモリ属」(『長崎県生物学会誌』84)によれば、ニホンヤモリ・ニシヤモリ・ミナミヤモリ・ヤクヤモリのうち、ヤクヤモリを除く三種が五島列島に生息しているという。

○ニホンヤモリ：小型でなめらかな皮膚、腹部は白色から灰色。全国にいる、いわゆる家守(やもり)。

○ニシヤモリ：大型でゴツゴツした皮膚、腹部は強い黄色。西彼杵(にしそのぎ)半島西岸地方・五島列島・平戸島などに生息し、江島にも生息(松尾氏はニシヤモリ発見者の一人)。

○ミナミヤモリ：中型で腹部は黄色みを帯びるがニシヤモリほど強くない。頭ヶ島・江ノ浜・友住など崎浦地区と相ノ島、および平島に生息、おそらく生息地域は中通島北東部に限定的。

頭ヶ島白浜海岸のミナミヤモリ

二〇一九年九月に松尾氏と新上五島町を回ったが、ニホンヤモリがここでも勢力を拡大しているようだ。ヤモリの移動は人の移動に伴うことが多い。頭ヶ島天主堂前の白浜海岸岩場から、松尾氏がミナミヤモリを採取して地元の人にお見せしたところ、家にいるのと同じと言われた。江ノ浜海岸では素人の筆者でも確認できた。

ミナミヤモリはどこから来たのだろうか。西彼杵半島西岸および江島がニシヤモリ生息地だから、島伝いのルートではないだろう。流木か、あるいは薩摩・琉球の船が難破し、五島灘を北上する対馬海流に乗って漂着したのかもしれない。それも生息地域が崎浦地区限定と考えられることから、五島石（良質砂岩）の生産・移送が関係しているのではないか、とは新上五島町文化財課の高橋弘一専門員の教示による。

なお、頭ヶ島を含む崎浦地区は「新上五島町崎浦の五島石集落景観」として重要文化的景観に選定されている。

神嶋神社と野崎島

野崎島は小値賀島の東方三キロにある南北約六・五キロの無人島である。島の北端山腹に、ご神体の「王位石（おえいし）」を祀る沖ノ神嶋（おきのこうじま）神社があって、全体が神の島となっている。高さは二十四メートルほど、岩柱の上に約五メートル×三メートルの平たい巨石が横たわるという奇景、造ったのは神か人か。地質学的には溶結凝灰岩（ようけつぎょうかいがん）の柱状節理で、巨石は岩柱上部が横倒れたものと考えられる（地質専門家・川原和博氏の教示）。

古代から海上安全の守護神だったが、江戸時代には鯨の豊漁や疱瘡退散も祈願されるようになった。神官の岩坪三善は種々の祈禱を執り行っていたらしい。『上田宜珍日記 文化五〔一八〇八〕年』によれば、一八〇七年天草高浜村に疱瘡が流行し、上田源作庄屋は、翌年正月（旧暦）に七十歳の岩坪三善を招いて、大がかりなお祓いをしてもらった。岩坪神官は左手に御神剣、右手に散米を持ち、太鼓・ドラ・笛・カネの楽隊を連ねて行列し、家ごとに疱瘡退散の札を張って回った。

当時源作の弟が五島の富江領（五島藩分家の旗本領）で新田開発を行っていた。また、天草漁船が五島近海に出漁するなど海路を通して五島と天草は密接につながっていたのである。

もちろん神頼みだけではない。高浜村の疱瘡への対処法をみると、患者は人里離れた「山小屋」に収容され、家族も「除小屋」に一定期間隔離された。「山小屋」では宮田賢育医師が献身的に味噌など使っ

沖ノ神嶋神社のご神体「王位石」（長崎県世界遺産課提供）

て治療にあたり、食糧・日用品は村から運び込まれた。看病人・料理人もいたが、おそらく疱瘡に罹（かか）って回復した人々であろう。この人たちは二度と罹らない。正月二十六日（旧暦）の時点で、病人百五十人、死去した者五十五人であった。

野崎島に戻ろう。島の中ほど東海岸に、岩坪神官家を中心とする野崎集落があった。『伊能忠敬測量日記』（伊能忠敬記念館）によれば、伊能忠敬一行は一八一三年に野崎島を測量し、岩坪三善宅、隠居の岩坪一善宅を宿所・休憩所にしている。

高浜村に招かれた三善は隠居の一善のことではないか。野崎島の人家二十一軒とあるのは野崎集落の家数である。住民は神嶋神社維持の仕事や、小値賀本島からの薪採取を管理するなどしていた。島の南北には三百メートル級の山があって結構深い。

十九世紀の中ごろ、外海から五島列島に移住した人々が、再移住して野崎島に来たようだ。この島に住むからには、神嶋神社の氏子となり神事に参与しなければならない。

旧野首天主堂と野首・舟森集落跡

舟森集落跡

平戸藩領・野崎島への移住については、中通島・若松島にも平戸藩領が混在しており、ある程度情報を得ての二次的・組織的なキリシタンの移動と思われる。その後外海から直接来た者がいたかもしれない。

とくに南端部の舟森入植地で畑を開き芋・麦を作るのは、想像を絶する苦労と辛抱があったのではないか。外海での段々畑開きのノウハウはあっても、さらに傾斜は厳しい。冬季の季節風を避けて南面の傾斜地を選択したわけで、水はけが良ければ芋はよく育つ、を実感する。

さて、南の舟森、中央の野首両集落に居付いた人々は、神嶋神社の氏子として野崎集落にある遙拝所での拝礼など神事の義務を果たした。また、小値賀本島の寺院の檀家（だんか）にもなっており、これらは潜伏時代の信仰維持に欠かせない。

二つの集落の住民はカトリックに改宗後、舟森では一八八一

旧野首天主堂と野首集落跡（長崎県世界遺産課提供）

年に瀬戸脇教会を、野首では一八八二年に野首教会（初代）を建てた。さらに、一九〇八年には現存する旧野首天主堂が、鉄川与助の設計・施工により建設された。野首で三代目の教会、鉄川与助にとっては初めての煉瓦造教会で、屋根は日本瓦を使っている。どこの教会建設も同じく資金捻出に苦労しているが、ここはキビナゴ漁の収益が大きかったという。

第二次世界大戦後、人口は多いときでおよそ六百五十人もいたが、一九六〇年代の高度経済成長期には離村が相次ぎ、舟森集落は一九六六年に、野首集落も一九七一年に全住民が島を離れた。信徒の一部は小値賀本島に移り、瀬戸脇教会の司祭館を移築して教会堂としている。

最後に残った野崎集落の岩坪神官家も二〇〇一年に家を閉じたが、屋敷は小値賀町によってなお保存されている。

現在、野崎島には数百頭の野生鹿が生息して畑の下草を食むため、畑は森に還らず形状をよく残している。

小値賀から上五島北魚目へ

手前に切り芋干しの棚（矢印）　左後ろは江袋教会堂
（高橋弘一氏提供）

小値賀町は、小値賀島とその周辺の島だけで、単独での生き残りを図っている。鎌倉時代以来ずっと平戸領だったことも影響していよう。北隣りの宇久町は佐世保市に編入され、南は五ケ町が新上五島町としてまとまった。人口二千五百人を切った小さな町の前途は厳しいが、平成の大合併その後を検証する一つの事例だ。

野崎島以外にキリスト教関連の史跡がないかと思っていたら、小値賀町歴史民俗資料館の平田賢明学芸員が「小値賀本島の北に浮かぶ納島（のうしま）はかつて籠手田（こてだ）氏の所領でしたよ」と教えてくれた。納島は美味しい落花生の島としてよく知られてきた。現在島民は二十人ほど、落花生栽培はなお続いているそうだ。平田学芸員は世界遺産はじめ町の文化事業に関わり、野崎島を含む「小値賀諸島の文化的景観」の保存・活用（観光面も）に力を注いでいる。

北魚目の文化的景観（高橋弘一氏提供）

さて、領主・籠手田安経による一斉改宗で納島はキリシタンの島になった。その痕跡は残っていないようだが、禁教期の一六二二年、潜入したイエズス会のカミロ神父は納島の信徒を訪ねようとして宇久島で捕らえられた。

続いて一海を渡る。野崎島の南、津和崎瀬戸を隔てて、中通島の幅一キロほどの細長い半島が南北方向に延びている。ここに三百メートル前後の尾根が連なっているから、東西の海岸に到る傾斜はきわめて急だ。外海からの移住者は、急斜面に開いた段々畑で芋・麦などを作り、集落を営んだ。北魚目の赤波江・大水・小瀬良・大瀬良などがそうした集落で、仲知・江袋の山手にも移り住み、カトリックに改宗後は木造の教会を建てた。

それに対して五島地下の領民は海岸部に居住し、主として漁業を生業としてきた。外海からの新参者に漁業権などはなく、漁業集落に食糧や薪炭を供給する関係だった。こうしたかつて住み分けた集落と、カンコロ作り（切り芋を干した保存食）などの生業を併せた景観が、今日「新上五島町北魚目の文化的景観」に選定されている。

北魚目のキリシタンの里

新上五島町には現在二十九の教会がある。されればそれ以上の「キリシタンの里」が周囲にあり、それぞれに外海の時代から四百年以上の信仰の歴史が刻まれているということだ。しかし、かつて開いた段々畑が森に還っているところも多く、無住の家が森に呑み込まれていく光景を目にするのは、やはり物悲しい。近年日本各地で見られる山間集落の現状ではあるが。

江戸時代には平戸藩領だった赤波江集落を二〇一九年九月に訪ねた。赤い屋根が遠くからでも目立つ赤波江教会を拝観すると、掲示板に赤波江さんばかり五人（軒）の名前があった。この教会では神父さんが定期的に巡回してミサが行われている。

たまたま、車でご老人を送ってきた女性に集落の様子をうかがうことができた。三宅百合子さん（旧姓・赤波江）は、このとき腰を痛めていた親類の家に毎日看護に通い、また別の親類宅にも様子を見に行っていた。自宅から赤波江までは車で三十分以上かかる。単に親類というだけではなく、地域のカトリック共同体の絆があっての自然な行動と感じられた。その後の様子を電話でお聞きすると、親類の腰の症状は少し良くなって、毎日看護する必要はなくなったが、病院へは送り迎えしている、以前は三十軒くらいあった集落が現在四軒になっている、という。長崎市電話帳に、赤波江さんが十人記載されていることをお話しすると、ほとんど親類らしい。

赤い屋根の赤波江教会

赤波江の共同墓地も、ほぼ「赤波江」姓である。丸い石が積まれている墓は、潜伏時代にさかのぼるものがあるかもしれない。その一角に弘化四（一八四七）年の「供養塔」があった。平戸藩主・松浦曜（てらす）が疱瘡病死者のために建てた石塔である。

仲知・赤波江から南の集落は旗本・五島氏支配の富江領となる。大水集落には地名のとおり滝があり、湧水も得やすいが、直下は崖といってもいい角度で海に入り、また冬の季節風の時期には凄まじい強風が吹き付ける。住民は大水教会を拠り所にまとまり、十数軒みな「大水」姓である。小瀬良や大瀬良集落も同様に地名が姓になっている住民が多い。これに対し仲知と江袋は青方文書にも登場する中世からの地名であり、北魚目の中心的集落として、他地域との交流があったと思われる。

考えてみれば、これらの諸集落には中核となる国指定文化財がないだけで、弾圧と潜伏の時代、そして復活という信仰の歴史を有し、精神的には世界遺産に選ばれている集落と同等の価値を持つのではないか。

江袋教会の火災と復原

江袋教会は一八八二年に建てられた木造教会である。ブレル神父の指導と資金援助があり、建築の棟梁は外海黒崎村の川原久米吉というから、ド・ロ神父の影響もあるようだ。実際、神父が設計・施工した外海の出津教会堂に、創建時の構造はよく似ている。江袋教会は献堂後ずっと信徒の皆さんとともにあった。ごく初期の、しかも現役の木造教会ということで建築史的にも価値があり、文化財指定の話も出ていたという。

ところが、二〇〇七年二月十二日の午後火災が起こり(原因は漏電)、内部はほぼ焼損、天井も焼け落ちた。十六日に長崎大司教区の髙見三明大司教が視察に訪れ、焼損の状況を判断して、信徒の皆さんに復原したい旨を話すと、江袋地区の長老・尾上勇さんは「そうしてもらえればなによりです」と答えた(『江袋教会堂焼損復旧修理工事報告書』カトリック長崎大司教区発行)。

建築専門家の見立ては、軸となる柱などの部材は大きく、表面は火災で炭化しているものの構造的に強度は十分ある、外回りの壁は土壁が塗ってあり焼損は少ない、内部でも床板・床下は燃えていない、というもので、全面解体せずに修復は可能との判断がなされた。

現地で復旧工事の中心的役割を担ったのは高橋弘一氏である。彼は文化財建造物保存技術協会から長崎市の民間設計会社に移籍し、江袋教会復旧委員会、同専門委員会との協議のもとで工事を進めていった。当初は創建当時を復原するという構想もあったが、リブ・ヴォールト天井（コウモリ天井）が整備された状態、それも現在の大型祭壇に変わった大正末期を目標とすることに変わった。

そのリブ・ヴォールト天井はほとんど焼け落ちていて、復旧には非常に苦心惨憺したが、振り返ってみて最も苦労したのは、信徒の皆さんの中に復原よりも維持管理しやすい鉄筋コンクリートの教会堂を希望する人たちが多くいたことだったたという。

つまり、教会堂は文化財という前に、なにより祈りの場であった。高橋氏は、町内外の皆さんを招いて工事の状況を説明し、また土壁作りを仲知小学校全学年の児童たちに体験してもらうなど、地元の理解がより得られるよう工夫した。なお、仲知小は復原竣工後の二〇一一年に、北魚目小に統合されている。

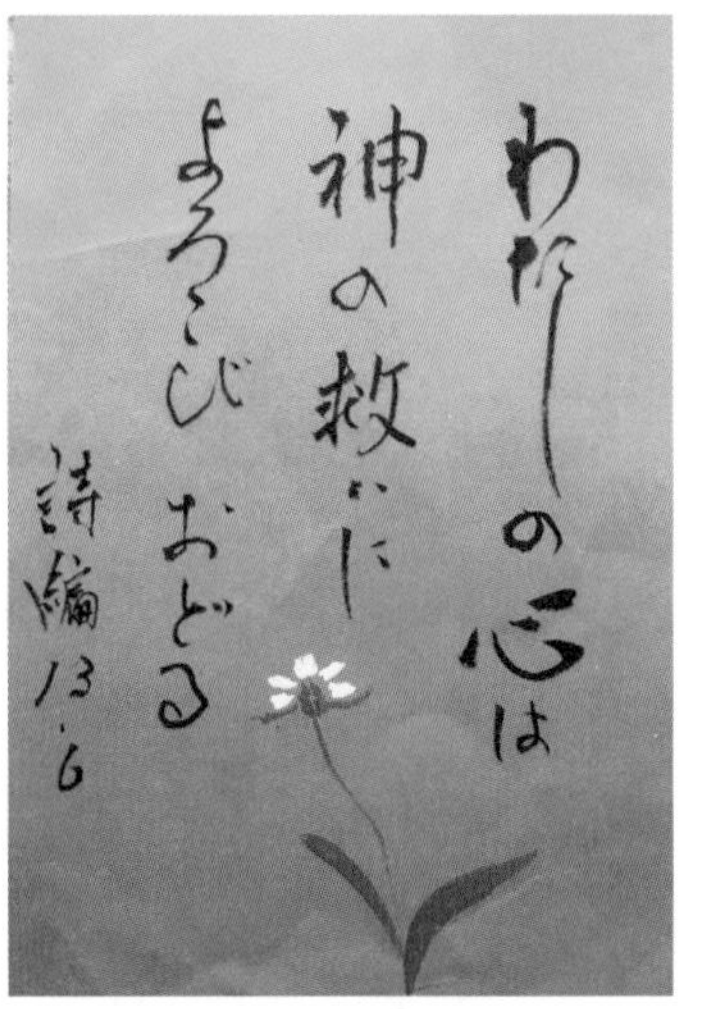

尾上勇さんの「御言葉カード」
（旧約聖書から）

二〇一九年十月、筆者が江袋教会を参観したとき、聖母マリアを称えるロザリオの月の祈りが始まる少し前に一人のご老人が出てきて、「九十歳の私と握手すると長生きするよ」と言いながら手書きのカードを配られた。長老の尾上勇さんだった。先祖は外海の神浦（こうのうら）から来たらしいとのことだった。

【コラム】 長崎の柑橘類「ゆうこう」

「ゆうこう」は柚子に似た香酸柑橘類である。長崎市南部の土井首地区に多いといわれ、食酢代用だったらしいが、近年はほとんど忘れられていた。それが十数年前、当時長崎市職員の川上正徳氏による調査・報告がきっかけとなり、健康食品として、また後述するようにキリシタンゆかりとされて、鍋物・菓子などに需要が増している。土井首地区は旧佐賀藩深堀領に属し、同じく外海の深堀領にもゆうこうの木があった。

二〇一九年十二月、ゆうこうに興味を持っている長崎県文化振興課の橋本正信指導主事の案内で自然木を探した。実が色づくこの時期がいい。まず深堀領の善長谷教会のルルド傍に二本あった。この教会を建てた人々の先祖は、外海東樫山（深堀領）からの移住者である。ゼンチョとはキリシタン用語で異教徒のこと。潜伏キリシタン集落に、なぜこの地名が付いたのだろう。善長谷から長崎半島を南へ行った深堀領岳路（潜伏集落だった）にもある。

外海では、潜伏キリシタン研究者の松川隆治氏に加わってもらい、主として旧大村藩領でのゆうこう探索を行った。というのは、五島列島の中通島・若松島・奈留島でもゆうこうが確認されており、これを外海から五島列島へ渡った大村藩の領民がもたらしたものと考えれば、深堀領にあるだけでは困る。西出津町のド・ロ神父の大平作業場跡や出津教会下の畑のゆうこうは知られていたが、いずれも深堀領である。

ゆうこうの木（長崎市西出津町）

松川氏が得た情報では、ほぼ大村藩領である牧野と神浦の大野にはあるらしい。ただ牧野では温州ミカンの生産が奨励されていた時期、ゆうこうと交配しないようほとんど伐られたという。出津北隣りの大野を探すと、幸いなことに実をつけた大きなゆうこうの木が見つかり、一安心した。外海を細かく探せばもっとありそうだ。

ところで、江戸時代から近代までイワシは庶民の重要なタンパク源だった。刺身をゆうこうの果汁と味噌を混ぜた酢ヌタにして食べると美味しい。出津のかくれキリシタン帳方の木村友好氏も、組の寄り合いなどで食べたという。口に含むと、ほのかな甘味もある。すなわちゆうこうは食酢の代用として、また保存用としても日常生活の中で幅広く使われていたのである。五島への移住に際しても、実や苗木を持って行ったのではないか。

現在はスローフード協会国際本部より、食の世界遺産「味の箱舟」に認定されている。

五島の古キリシタン

十六世紀後半から十七世紀初期にかけて、ルイス・デ・アルメイダはじめイエズス会宣教師たちの五島布教で誕生したキリシタンは、徳川幕府の禁教令発令後、五島藩の弾圧を受けて絶えたといわれる。

その痕跡を探してみると、浦川和三郎神父の労作『切支丹の復活　後編』（日本カトリック刊行会、一九二八年）の久賀島の項に次のような記述があった。「今の切支丹が百年許り前に大村藩から移住した頃までは、コンチリサンの祈（オラショ）などを諳んじた老人が深浦には残って居たさうである」。深浦は久賀湾の中ほどにある集落で、そこにオラショを憶えていた老人が十九世紀前半まで生きていたというのである。

また、蕨（わらび）集落には金吾という「善（よ）か人」がいて、市小木（いちこぎ）にも「善か人」がいた。これを天草の「善人様」と同じとみれば「水方」（洗礼役）ということになるが、潜伏の組織はすでになく、個人的な信仰の断片が残っていたのだろう。

蕨集落といえば、ここに祀られている高麗地蔵は、大津波で沈んだとされる高麗島から移された地蔵という。その伝説は秘密の聖書「天地始之事（はじまり）」にあるノアの箱舟の逸話に似ている。大津波が起こる前触れは、高麗島伝説では神像（地蔵）の顔が赤く塗られ、「天地始之事」では獅子駒の目が赤く塗られた。「駒」は「高麗」かもしれない。

一方、取り締まる側の五島藩関係史料も残っている。十七世紀後半に大村の郡崩れや豊後崩れ、濃尾崩れが相次いで起こり、幕府はキリシタン統制を強化した。その一つが類族調べで、五島でも一六六五年ころから「類族帳」が作成された。転キリシタン当人から男系が続く場合、子・孫・曾孫・玄孫・耳孫まで五代が調査の対象となり、その結果は幕府の切支丹奉行に提出された。貞享五（一六八八）年の「切支丹転並類族死帳」（長崎歴史文化博物館蔵）はその控えである。

久賀島蕨集落にある首が長い高麗地蔵

また、元禄三（一六九〇）年「肥前国五島領転切支丹之類族帳」、同六年「肥前国五島領転切支丹之類族存命之覚」（個人蔵、荒木文朗氏翻刻）をみると、中通島東部沿岸地域の奈良尾村、岩瀬浦村、太田村、阿瀬津村、鯛浦村などに転切支丹の類族が居住していた。

とりわけ気になるのは、「東浦転切支丹家船漁夫」猟左衛門と五郎八の類族の記載である。東浦は中通島東海岸の浦々を示すらしく、大村藩領外海地方の家船とも行き来があったと思われる。しかし、家船同士の交流情報が表に出ることはない。

五島崩れ　久賀島の悲惨

五島崩れは明治元（一八六八）年九月（旧暦）、久賀島から始まった。長崎の大浦天主堂の神父と接触し、教義を学んで帰ったキリシタン組織のリーダーが、神社・寺院配布のお札を各家から一掃し、今後は縁を断つと庄屋・代官所に届け出たことから、弾圧が開始された。なんと二間（けん）に三間、六坪（約二十平方メートル）の家を牢屋に仕立て、信徒約二百人を押し込めたというのである（浦川和三郎『切支丹の復活　後編』）。これを牢屋の窄（さこ）事件という。

具体的な弾圧の情報は、久賀島を脱出した信徒によって長崎のプティジャン神父らに伝えられ、さらに、プティジャン神父から欧米各国公使にも報告された。英国公使・パークスは明治二（一八六九）年四月七日、新政府の外国官（外務省の前身）知事・伊達宗城（むねなり）（元伊予宇和島藩主）に書簡を送り、五島でのキリシタン弾圧を厳しく非難した。なお、仏・米・独・伊公使も同様の行動を取っている。

書簡別紙（五島風聞書）によると、松ケ原（久賀島）と浦頭・水の浦・楠原（福江島）で切支丹信仰の者たちが苛酷な目に遭い、とくに久賀島では去年からの拷問に加え、飢えと寒さで十七人が死去した。その洗礼名・名前・年齢も記されており、老人と乳幼児が多いが、フランシス力蔵（五十五歳）の場合は算木（さんぎ）責め、鉄棒で殴打、火が付いた炭を口に入れられるなどの拷問を受け、傷が腐敗して三ヶ月間苦しみ死去した。

久賀島・牢屋の窄殉教記念教会にある牢死者の碑

こうした抗議を受けて、外国官判事は長崎府に対して現状調査および五島藩への指導を指示した。早速楠本正隆（大村藩出身）が派遣され、楠本の復命をもとに、同年六月外国官判事宛に書簡が送られた。主たるところを記す。

▽拷問の法は三種類。割薪を並べ、囚人をその上に正座させて膝上に石を載せる（算木責め）、囚人を仰向けに倒し手足を不動にして水を飲ませる、筋骨を痛めないよう多肉の処を選んで打つ。拷問中に死んだ者はいないが、後日「病死」した者はいると五島藩吏はいう。

▽およそ二間に三間、十二畳ほどの家の床を取り除き、土間に筵（むしろ）を敷いて男女別に七十三人を収容し、それに小童・嬰児も加えられた。婦女は昼間田畠耕作に出、夜は家牢に帰るよう申し付けているが、自宅で寝る者もいるようだ。

▽外国人申し立てとは相違するところもあり、それは脱走した者が不平のあまり小を大に、無形を有形のごとく虚実取り混ぜて訴えたためである（以上、「耶蘇宗一件初編」国立公文書館蔵）。

楠本来島後は五島藩の態度も多少改まり、幾分緩やかになったようだ。しかし、邪宗として厳しく取り締まるよう通達したのは新政府であり、五島藩は忠実に実行したわけである。領内各地で迫害が行われたが、とりわけ久賀島は悲惨だった。

外国官判事に送られた書簡別紙の「切支丹信仰ノモノ惣人数書」（「耶蘇宗一件初編」）は明治二年四月（旧暦）ころの五島藩領内のキリシタン情報と思われる。概略をみてみる。

・福江掛　家数四十四軒　人数百七十八人　内百四十六人入牢　二十七人改宗　五人出奔

・岐宿（きしく）掛　家数六十二軒　人数三百十八人　内百三十六人入牢　百六十八人改宗　十二人出奔　二人病死

・三井楽掛　家数五軒　人数二十四人入牢

・玉ノ浦掛　家数二軒　人数八人　内四人入牢　四人出奔

・久賀掛　家数五十九軒　人数二百六十八人　内百六十三人入牢　七十一人改宗　二十三人病死　十一人出奔

・東掛　家数八軒　人数二十八人　内五人出奔　二十三人入牢

・有川掛　家数二十五軒　人数百四十四人　内九十七人入牢　四十七人出奔

・魚ノ目掛　家数三十八軒　人数百三十二人　内六十九人改宗　六十三人出奔

○惣〆　家数二百四十三軒　人数千百人　内五百九十三人入牢　三百三十五人改宗　百四十七人出奔　二十五人病死

五島市岐宿町の姫島（大絶壁は島の北側）

久賀掛の「二十三人病死」が際立っている。入牢者に病死者を合わせると百八十六人になり、六坪の家牢に二百人収容も合点がいく。さらに、同年五月には「死去」が十三人出ており（「異宗徒人員帳」長崎歴史文化博物館蔵）、楠本の来島時期と前後している。一部婦女が昼間田畠耕作に出たとしても密集は変わらず、飢えと冬季の寒さ、梅雨時の多湿、排泄物などきわめて劣悪な環境であった。

ところで、岐宿掛には三井楽柏崎沖の姫島が属している。このとき姫島の信徒は岐宿の水ノ浦に送られ、やはり迫害を受けた。『伊能忠敬測量日記』に、「海岸大絶壁」の姫島に上陸して、雑木を切り分けて測量したとあり、また大村人の家が七軒あることを記す。文化十（一八一三）年の記事だから、居付集落の成立としては結構早い。

三井楽海岸からよく見える気になる姫島、どういう島だったのだろう。地元の人に尋ねたら、かつては二百人もの信徒がいたとか。島の南側しか住めず、教会・分教場もあった。一九五九年の人口は七十九名、一九六五年に最後の九名が島を離れたという。

久賀島キリシタンの里

久賀島はおよそU字形（馬蹄形）をしている。久賀湾が深く入り込み、湾口は北北西に開く。久賀湾を取り巻く山は三百メートル前後あり、外海側は急斜面の地形が続く。湾奥地域に農地に適した平地がみられ、久賀・市小木・大開などは五島地下領民の集落である。福江島に面した田ノ浦は廻船の寄港地であり、漁業も盛んだった。藩政時代には代官所が置かれている。

そうした久賀島に外海地方から大村藩の領民が移住してきた。地下領民と住み分けて成立した居付集落に細石流、五輪、外輪、蕨小島などがある。田ノ浦に近い上平に居付いた人々は網引き・荷役などに雇われ、久賀・大開集落に近い永里・赤仁田集落の人々は小作として農耕に従事したようだ。人口が少なく開発が停滞していた久賀島にとって有益な面もあって、大開の棚田はその成果である。そして、自ら新田を開き所有にいたった者もいた。

それでは、明治四（一八七一）年の「異宗徒人員帳」（長崎歴史文化博物館蔵）で久賀島キリシタンの里の内訳をみてみよう。当時の五島藩掌握情報で、数字は史料どおり。「村」は小村のこと。

・上平村　家三十五軒　人員百六十四人（男八十九人女七十五人）内二十六人死去（男七人女十九人）五人出奔（男四人女一人）改而人員百三十三人（男七十八人女五十五人）内出生五人（男一人女四人）

久賀島遠景（長崎県世界遺産課提供）

・細石流村　家十軒　人員四十七人（男二十八人女十九人）　内六人死人（男二人女四人）　出奔三人男　改而三十八人（男二十三人女十五人）

・永里村　家五軒　人員二十八人（男十二人女十六人）　内出生二人女　死人出奔無し

・幸泊村（五輪・外輪・赤仁田なども含む）　家十八軒　人員百七人（男五十人女五十七人）　内出生七人（男三人女四人）　死人七人（男二人女五人）　改而百人（男四十八人女五十二人）

○惣家数六十八軒　惣人員三百四十六人（男百七十八人女百六十八人）　内出生十二人（男四人女八人）　三十九人死去（男十一人女二十八人）　八人出奔（男七人女一人）
改而二百九十九人（男百六十人女百三十九人）

各家々全部を紹介できないが、上平村の家主・忠五郎は妻・父母・一男一女五人を失い一人だけ残された。また上平村は女性の死去が十九人と異様に多い。パークス書簡別紙に登場した細石流村の力蔵は、明治二年正月七日五十五歳にて死去とある。なおこの時点で、細石流村の栄八と、幸泊村の七兵衛はじめ四人の家主が入牢中である。

五輪集落と旧五輪教会堂

二〇一一年の夏初めて久賀島を訪れ、田ノ浦から軽自動車で五輪集落へ向かった。途中バタバタと飛び立つ雉に驚いた。一昔前の自然がよく残っており、椿の原始林もある。集落手前で車を停め、しばらく歩くと五輪海岸に出た。五輪の地名は五輪塔に由来するらしいが、はっきりしない。住民が「五輪」を姓にすると「いつわ」と読む。

まずは、国の重要文化財に指定されている旧五輪教会堂へ行く。十字架がなければ普通の古ぼけた民家と変わらない。教会を参観しても内陣を撮影することはないが、もうミサなどは行われていないので撮影できた。入口に見学者のためのノートがあり、東京から来た女性が「やっとここに来ました」「思いが叶いました」という旨を書いていた。しばらくいると、なにかしら心が洗われた気持ちになったことを憶えている。

この建物は、一九三一年田ノ浦近くの浜脇教会堂が鉄筋コンクリートで新築されたとき、解体された旧教会堂を譲り受けて五輪へ運び、再度組み上げたものである。以来、五十年近く五輪地区や蕨小島の信徒の拠り所となってきたが、雨漏りなど老朽化が著しく、取り壊して新教会を建てることになった。

しかし、旧浜脇教会堂は、牢屋の窄の弾圧で最も多くの殉教者を出した上平の信徒たちが、一八八一年に建てた、ごく初期の教会であり、また和風の外観と違って、内部は三廊式、板張りのリブ・ヴォー

久賀島の旧五輪教会堂内部

ルト天井という空間構成で、教会建築史にとっても貴重な文化財として保存されることになった。新教会は一九八五年に缶詰工場跡地に新築された。

二〇一九年五月、五輪教会の信徒で、漁業を営んでいる坂谷秀雄さんと波止でお話しする機会を得た。「現在五輪は二軒だけになったが、かつて海岸に沿って家が並んでいた」「教会のミサのときはこの近くの信者もやって来る」「以前はマグロ漁船に乗っていた、今は定置網で獲れた魚を早朝福江の魚市場へ持って行く、この時季はイサキ・ヒラス・カンパチ」などなど。

話をお聞きして、これらを世界遺産の久賀島の海で獲れた魚としてブランド化できないか、ふと思った。人口約三百人の久賀島に、近ごろは海上タクシーでたくさんの人が来るようになった。坂谷さんは「にぎやかでいい」と寛容だが、トイレの問題など結構大変だ。もちろん五島市もバイオトイレを設置している。

なお、久賀島の歴史を知って旧五輪教会堂に入ると、心静かな時間が過ぎると思う。

「かくれ」とカトリックの島

奈留島は五島列島のほぼ中央に位置し、島の南北には奈留瀬戸と滝ケ原瀬戸という潮の流れが速い瀬戸がある。また、いくつかの長い半島と、その間の入り江からなる長い海岸線が特徴的だ。そのため外海地方からの移住者も地下の五島人と住み分けて沿岸部に集落を営んだ。

さて、潜伏キリシタンおよび、かくれキリシタンの本格的な研究は、田北耕也『昭和時代の潜伏キリシタン』（一九五四年）に始まる。田北は一九三〇年ころから外海地方黒崎、生月島、五島列島各地の現地調査を行い、信仰行事を撮影し資料を収集した。同書に、奈留島は「キリシタンの密度も数も五島列島最大の島」と書かれている。

田北によれば、一九三〇年ころの奈留島は人家約九百戸のうち、四百戸弱が地下の五島人、五百戸強がキリシタンで、そのうち八十余戸がカトリックに帰属し、かくれキリシタンは四百余戸という。続いて第二次世界大戦後の一九五一年、奈留島の人口を概数で表すと、仏教千五百人、神道千人（かくれ組織から変わった人も多い）、カトリック千二百人、かくれキリシタン四千五百人であった。つまり奈留島の人口の半数以上が、「かくれ」信仰を続けていたのである。

田北は奈留島の調査で、永這集落の道脇増太郎帳方と親しく交わり、「天地始之事」の写本を入手した。さらに彼が大正十（一九二一）年にまとめ整理した「御らつしよ」について、「母郷黒崎地方にお

奈留島の江上天主堂

けるよりも、更に一層の発展がなされている」と評価した。しかし、最も多くの五島移住者を出したのは外海の神浦村だった。

一方、カトリックに改宗した人々もいた。奈留島の北に浮かぶ葛島（かずら）には早くから居付集落が成立した。無人島は福江島の北の姫島と同じく、磯での食料調達や密かな信仰に都合が良かったのだろう。五島崩れでは葛島の信徒も算木責めを受けたと伝えられる。

禁教が解けると、やがて葛島に教会が建てられ、第二次世界大戦後は人口も二百五十人を超えていたが、高度経済成長期に急減し、一九七三年には百人ほどが奈留本島に集団移転した。

世界文化遺産の構成資産・江上集落内にある江上天主堂は、鉄川与助の設計・施工で、木造教会堂では最も完成された意匠と建築家の評価は高い。クリーム色の外壁、水色の窓枠、内部の様子も併せて、清楚という表現がぴったりだ。一九一八年竣工の教会堂建設にも、キビナゴ大漁の収益が貢献した。

奈留島の「瞳を閉じて」

すでに「天地始之事」は外海の神浦村で成立した可能性を指摘した。神浦村から五百人余が五島へ渡ったというが（「郷村記」）、現在神浦本村部にはキリシタンの子孫は残っていない。

田北耕也は文政十（一八二七）年の年紀がある「天地始之事」の写本を入手した。出所は奈留島という。加えて、最近奈留島の柿森和年氏から、絹地に書かれたオラショ「今日の御じき」についての論考が報告された（『キリシタン文化研究会会報』二〇一八年）。字体から判断して一七〇〇年代後半から一八〇〇年代初期のものらしい。そこに天草の富岡・大江・﨑津・今富・島子（しまご）と、外海の神浦・池島という地名が登場する。本格的な研究を今後待つとして、神浦村潜伏組織の中枢が奈留島に渡った可能性を示唆しておきたい。

ところで、一九六〇年ころ九千人を超えていた島の人口は、二〇一九年には二千百人余まで減少した。学校教育も小中高一貫教育になっている。また、五島列島で最も多かった「かくれ」信徒数と信仰組織も人口減少で解散をよぎなくされた。

現在、島で一番輝いているのは、ユーミンこと荒井由実（松任谷由実）が作詞作曲した奈留高校の愛唱歌「瞳を閉じて」かもしれない。今や、小学一年生からおばあちゃんまで、みんな歌える奈留島全体の愛唱歌になっている。この歌が生まれた経緯を簡単に述べよう。

一九七四年に長崎県立五島高校奈留分校の女子生徒がラジオ深夜番組に「私たちの分校の校歌を作ってください」と投書したことがきっかけである。この願いを受けて、「瞳を閉じて」が贈られた。一九七六年に独立して県立奈留高校となったとき、生徒たちは正式に校歌になればいいなと思っていたらしいが、愛唱歌に位置づけられた。

荒井由実作詞作曲「瞳を閉じて」歌碑（奈留高校）

それでも、入学式から卒業式まであらゆる式典や行事で歌われ、なくてはならない大切な歌となっている。岸壁での見送りにもこの歌は欠かせない。奈留高校に勤務した先生から、こんなことも聞いた。島の人たちが歌う「瞳を閉じて」は歌いやすいようにキーを下げている、なにかオラショ（祈り）を聴いているような感じを受けた、と。

小高い丘の上に建つ奈留高校には、松任谷由実直筆の歌詞を刻んだ歌碑があって、一九八八年の除幕式には本人も出席した。

奈留島には、この歌に引かれる自然と社会的素地がある。碧（あお）い、碧い海、また密やかなキリシタンの歴史もその一つだ。

異宗徒家族を惨殺

五島のキリスト教史において、ぜひ紹介したい事件がある。

廃藩置県一年前の一八七〇年、有川村の奥浦で異宗徒（キリシタン）の家族が郷士（在村の武士）四人に殺害されるという事件が起こった。奥浦は新上五島町中通島中央部の鯛ノ浦港近くにある。背景に新政府による「切支丹邪宗門」の大方針があり、これが藩を通して郷士層にも影響していたのであろう。

事件の経緯を、五島藩が作成した調書（「耶蘇宗一件三編」）をもとに概略述べる。郷士四人は剣術道場での稽古を終えて、袋竹刀用の竹を買いに行く途中友吉宅へ水飲みに立ち寄り、兼ねて異宗信仰の者たちと聞いていたから改宗するよう申し諭したが、聞き入れなかった。

用件を済ませて帰路提灯の火をもらいに行ったところ宗旨が違うと断られたので、そのような不法の宗旨は皇国に対し不埒であると争論になった。友吉が庭に飛び降り薪を持って打ちかかり、ヨネも熱湯の土瓶を投げつけ、はなはだ無礼を働いたので、やむなく友吉と女房コンを打ち果たし、また寅吉女房ヨネと娘のレツも打ち果たした。

ヨネは息子の勇治を抱いており、ヨネを切った後急ぎ取り出したが、こと切れていた。子どもに不法はなく殺すつもりはなかった。また、五歳の長吉（友吉の倅）は殺さなかった。

四人は別途願書を藩の監察局に差し出し、友吉らの振る舞いは武士道において捨て置かれず、やむをえず打ち果たしたが、子を抱いたヨネを母子ともに殺害したことは大きな過失であり、一同割腹仕（かっぷくつかまつ）りたいと書かれている。四人は福江城下に送られ、長崎県および明治新政府とも調整のうえ、半年後に切腹となった。四人の墓は有川の専念寺墓地にある（『五島編年史』）。

ところが、浦川和三郎神父の『切支丹の復活　後編』（一九二八年）の記述はまったく違う。四人の郷士は新しい刀の試し切り目的で寝込みを襲い、胎児を含め六人を殺害したというのである。コンは臨月でヨネの妹。また、殺害現場は寅吉の家だったこと（本人不在）、長吉の他にキエとノシという二人の女子（十一歳と七歳）が隠れて、殺害から逃れていたことも記されている。発行までに五十年以上たっているが、被害者側にも相当の根拠がありそうだ。

四人の郷士が異宗徒二家族の五人と胎児を殺害した事実は動かせない。それでも詳細は、五島藩・長崎県・明治新政府とカトリック、それぞれの立場で大きく異なっており、史料の裏を読み解くことが求められる事例である。

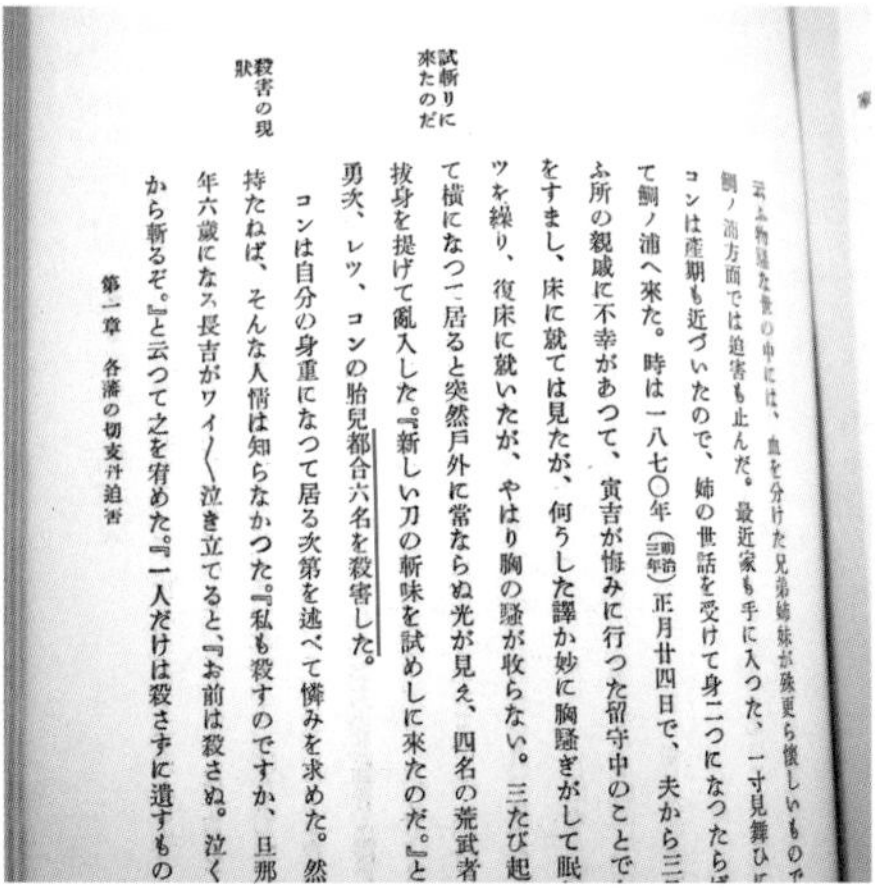

云ふ物騒な世の中には、血を分けた兄弟姉妹が殊更ら懐しいもので
鯛ノ浦方面では迫害も止んだ。最近家も手に入つた、一寸見舞ひ
コンは産期も近づいたので、姉の世話を受けて身二つになつたら
て鯛ノ浦へ來た。時は一八七〇年（明治三年）正月廿四日で、夫から三
ふ所の親戚に不幸があつて、寅吉が悔みに行つた留守中のことで
をすまし、床に就ては見たが、何うした譯か妙に胸騒ぎがして眠
ツを繰り、復床に就いたが、やはり胸の騒が收らない。三たび起
て横になつて居ると突然戸外に常ならぬ光が見え、四名の荒武者

試斬りに來たのだ

拔身を提げて亂入した。『新しい刀の斬味を試めしに來たのだ。』と
勇次、レツ、コンの胎兒都合六名を殺害した。

殺害の現狀

コンは自分の身重になつて居る次第を述べて憐みを求めた。然
持たねば、そんな人情は知らなかつた。『私も殺すのですか、旦那
年六歳になる長吉がワイ／＼泣き立てると、『お前は殺さぬ。泣く
から斬るぞ。』と云つて之を宥めた。『一人だけは殺さずに遺すもの

第一章　各藩の切支丹迫害

『切支丹の復活　後編』殺害事件部分
（傍線は筆者）

黒島の潜伏信徒

黒島は周囲十二キロ余り、西海の九十九島諸島で最大の島である。佐世保市相浦(あいのうら)港からフェリーに乗ると五十分で着く。旧平戸藩領で平戸島の津吉村に属し、一八八五年に分村して黒島村となり、現在は佐世保市黒島町となった。

黒島には、平戸藩公用の馬牧が置かれていたが、十八世紀には軍馬の必要性が薄れ、一八〇二年に廃止された。そのころ平戸藩は領内の開発令を公布し、黒島の馬牧も田畑開発地として藩内外からの移住を奨励した。もともと黒島は平戸藩の上級家臣・西氏が戦国時代から領有し、江戸時代には西氏の家人(けにん)たちが居住していた。これを本村(ほんむら)集落という。

大村藩領からの来島が史料で確認されるのは、一八二九年に男女百三十七人が滞在を許され、開墾実績が評価されて、一八四〇年に居付百姓として認められたという記事である（「御家世伝草稿」）。この前後に外海地方から、あるいは五島からの二次的来島もあったと思われる。大村藩と五島藩の間には移住協定が結ばれていたが、平戸藩とは結ばれておらず、人口過多の大村藩、開発人材がほしい平戸藩という関係である。

かくして島内に、日数(ひかず)・根谷(ねや)・東堂平(とうどうびら)・名切・田代・蕨(わらべ)という居付集落が成立した。集落の住民は本村にある興禅寺の檀家となり、代官役所で絵踏みを強制された。

黒島遠景（長崎県世界遺産課提供）

しかし、彼らのキリシタンとしての信仰は強固だった。一八六五年に浦上村潜伏信徒がパードレ（プティジャン神父のこと）に会ったという情報は黒島にも伝わった。早速この年、日数集落の大吉はじめ主だった信徒たちが大浦天主堂を訪ねて、黒島にはおよそ百家族六百人のキリシタンがいることを伝えた。プティジャン神父ら宣教師は喜ぶとともに、彼らとのやり取りから洗礼の文言に誤りがあり、無効であることを指摘した。そして今後行う洗礼のために「急いで水方に秘跡の典礼書を用いて日本語での正しい文言を教えた」（マルナス『日本キリスト教復活史』）。そこにはパリ外国宣教会宣教師の日本語能力の高さも垣間見える。

こうした黒島信徒の動向は平戸藩庁にも知られていて、国禁の邪宗門の疑いありと調査に臨んだようだが、五島藩や佐賀藩のような酷い弾圧はなかった。領内に、多くの信徒・信仰組織を抱える生月島があることを考えれば、とても踏み込めなかったであろう。なお、大浦天主堂の宣教師は生月島信徒の洗礼の文言を有効と判断していた。

潜伏信徒からカトリックへ

日数集落の大吉は出口姓を名乗り、出口大吉となった。黒島のキリシタンはすべてカトリックに復帰したというが、指導者出口大吉の存在も大きかったと思われる。キリスト教黙認の一年前、大吉の家を仮聖堂にしてポアリエ神父によるミサが行われた。大吉旧宅跡には信仰復活の記念碑が建てられている。

この後一八七八年にペルー神父が木造教会を島の中央部名切集落に建設、一九〇二年にはマルマン神父が心血を注いだ、間口八間・奥行十八間の重厚な三層煉瓦造の黒島天主堂が完成した。煉瓦造教会堂として代表的なものである。建築途中に資金不足で中断をよぎなくされ、神父はフランスに帰って資金を調達したという。もちろん、信徒たちも資金拠出や煉瓦焼き、資材の運搬などに尽力した。天主堂近くのカトリック共同墓地には、黒島で死去したマルマン神父の墓があり、なお慕われている様子がよくわかる。

この天主堂の柱の礎石と正面の階段には、黒島産の御影石が使われている。御影といえば普通花崗岩を思い浮かべるが、黒島石は閃緑岩(せんりょく)で、黒御影ともいう。元禄のころ一度開発され忘れられていたものが天保になって再発見され、今日も黒島の特産品となっている。もう一つ目を引くのは、内陣の床に有田焼の磁器タイルが張られていることである。白地に青色、十字の意匠が施されている千八百枚のタイルは美しい。裏には「肥前有田松尾製造」とあって、窯元は松尾徳助である。

黒島天主堂　2021年3月まで修復工事中（予定）

さて、黒島の人口は現在四百人余で、およそ八割がカトリック信徒という。一九一八年の「黒島村郷土誌」をみると人口二千四百五十人、大部分がキリスト教信者とある。この郷土誌は、調査・執筆の項目を定めて、長崎県下の尋常（高等）小学校に作成させたもので、保存用がほとんど残っていた（長崎歴史文化博物館蔵）。黒島尋常小学校の教員は黒島の社会・風俗について次のように記述している。〔　〕内は筆者注。

・天主教徒は地味の不良な地にありて甘藷〔サツマイモ〕を常食とし、堅忍不抜、未来の楽園を唯一の楽しみとして粗衣粗食に甘んじている

・陽には仏教を信じて踏絵などを為し、陰には熱心に信教し、人里離れた海岸に集合して教理を一心に研究したり

・男女の関係の如き忌わしき風習〔夜這い？〕の少なきは本村の誇りとするに足るべし

終わりに一言、海水をニガリに使った黒島豆腐は歯ごたえがあって美味しい。

終　章

南島原のキリシタン墓碑

これまで世界文化遺産「長崎と天草地方の潜伏キリシタン関連遺産」について、十二の構成資産および、その基礎となる歴史背景について書いてきた。本書をとじるにあたりもう少し心残りの分野を紹介したいと思う。世界文化遺産は「潜伏」期が中心となったため、「繁栄」期を表す諸遺産にはあまり光が当たらなくなった。南島原に数多いキリシタン墓碑もその一つである。

戦国末期から江戸初期にかけて北部の一部地域を除く島原半島は有馬氏が支配し、キリシタン大名・有馬晴信による一斉改宗で領民の大多数がキリシタンとなった。墓碑を造ることができたのは晴信の一族や上級家臣、地域の有力者らに限られるとしても、イエズス会など宣教師の影響もあって多くの墓碑が造られた。通称のカマボコ型や、櫓型、切妻型、入母屋型などに分類されるキリシタン墓碑の源流は南ヨーロッパにあった（『キリシタン墓碑の調査』長崎純心大学）。

四十年前に撮影した写真を見ていただきたい。これは島原半島南東部の有家（ありえ）のセミナリオ跡伝承地にあって、せせらぎ傍のキリシタン墓碑には「花十字」（右 背面）と「干十字（かん）」（左 小口）が刻まれており、花が供えられていた。地域の人々が水神様として祀ってきたという。

現在は砂利の上に並べられ、屋根も整備されている。しかし、以前の水神様のイメージがあるだけに釈然としない。花十字や干十字の意匠には風化を防ぐ措置を施して、もう少し見せる工夫が必要と

有家のキリシタン墓碑　花十字（右）と干十字（左）

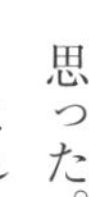

思った。

これらの墓碑は禁教期を経たにもかかわらず、南島原市では百基以上が確認され、雲仙市南部や島原市にも二十基ほど残っている。中には石垣に使われている墓碑もあった。およそ原城に立て籠もった人々の居住域と重なるようだ。

全国的には、キリシタン大名・大友義鎮（宗麟）支配の豊後（大分県）、一時期イエズス会の拠点だった天草（熊本県）と、高山右近ゆかりの千提寺・下音羽（大阪府）や京都など畿内地方に見られる。晴信と同じく一斉改宗を強制した大村純忠の支配地では、純忠の子・喜前がキリスト教禁教に転じ、その後郡崩れも起こって徹底的に破壊・廃棄された。そのため十基ほどしか残っていない。

一方、有馬晴信の子・直純は日向延岡に転封を命ぜられ、続いて松倉氏、高力氏、松平氏と藩主が変わったため、キリシタン遺物の廃棄が徹底しなかったと考えられる。なにより原城の戦争でキリシタンは絶え、幕府の命を受けて、ほぼ無人の島原半島南部に西日本各地から百姓たちが移住してきた。

キリシタン墓碑の情報は『日本キリシタン墓碑総覧』（南島原市教育委員会）を参照したい。各墓碑の現状写真が大きく掲載され、詳細を知るための碑面拓本には、編集責任者・大石一久氏のプロの技が如何なく発揮されている。

さて、島原半島にある百三十基もの墓碑の中から、特に次の二基を紹介しよう。キリシタン墓碑で唯一国史跡に指定されているのは、西有家町須川（すかわ）の「吉利支丹（きりしたん）墓碑」である。この墓碑は半島南東部の須川港近くの海岸墓地にあって、通称カマボコ型と呼ばれる墓石を基壇の上に置いた形状だったようだ。

墓石と基壇の平石は一九二九年に墓所造成の際、土中から出土した。石材は天草の砂岩が使われており、小口にはローマ字の碑文が四行刻まれている。また背面と両方の小口に大中小の十字紋が施され、全体の精緻な意匠は相当な身分の人物を想起させる。

碑文はポルトガル式ローマ字で「フィリ作右衛門ディオゴ生年83御出生以来１６１０十月（ママ）16慶長15」と判読された（『長崎県の文化財』）。風化が著しく確定はできないが、イエズス会のデ・ルカ・レンゾ日本管区長は、同時期の史料から判断できる人物として小西行長の重臣・小西美作（みまさか）ディエゴをあげている（前掲『総覧』）。

続いて「流（る）しや」の墓は、有馬氏の居城であった日野江城跡から東に一キロほど離れた北有馬町谷川名中屋敷にあって、地元では「ジョウロウ」の墓という。ジョウロウすなわち上臈、身分ある有馬

「流しや」の墓　正面小口に花十字紋

氏ゆかりの女性ではないかと伝えられてきた。墓碑の小口正面に花十字、同裏面に「慶長拾伍年 流しや 生年二十歳 拾一月十七日」と刻まれている。慶長十五（一六一〇）年に二十歳で死去した、洗礼名ルシヤという大変気になる女性がいたのである。

なぜなら同じ慶長十五年、駿府の徳川家康に近侍していた有馬直純は、家康の曾孫（家康は養女とした）国姫と結婚した。このため岡本大八事件（キリシタン同士の贈収賄）で、幕府から死を賜った父・晴信に替わって有馬領を受け継ぐことができたという。すると、日野江城にいたであろう直純の正室は離縁されたのか、すでに死去していたのか、また他にも関連の女性がいたのか、このあたりよくわかっていない。

なお、島原半島の墓碑石材には雲仙火山の安山岩やデイサイトが多く使われた。普賢岳溶岩ドームはデイサイトである。

千々石ミゲルの墓と思しき石碑

千々石ミゲル墓所の発掘　副葬品が示す信仰の跡

天正遣欧使節の千々石（ちぢわ）ミゲルはキリスト教信仰を棄てたのだろうか。

二〇一七年八月下旬から九月初めにかけて、諫早（いさはや）市多良見（たらみ）町で江戸時代初期の墓地が発掘調査された。埋葬者は墓碑銘その他の関連資料から千々石ミゲル夫妻と考えられている。

まず千々石ミゲルとは、いかなる人物か。生まれは島原半島西部の現・雲仙市千々石町。父は千々石直員（なおかず）といい、戦国大名・有馬氏から養子として千々石氏に入った。同じ有馬氏の出で、大村氏を嗣いだ大村純忠は直員の兄、ミゲルの伯父である。

話はヨーロッパへ飛ぶ。イグナチウス・デ・ロヨラらによって創立されたイエズス会は、日本布教にも熱心な修道会であった。一五四九年のフランシスコ・ザビエル

ミゲルの四男・千々石玄蕃允

に続いて多くの宣教師が来日したが、巡察師アレッサンドロ・バリニャーノによる天正遣欧使節はヨーロッパに日本を知らせ、ヨーロッパ文化を日本に持ち帰ったという意味で画期的だった。

一五八五年、少年使節はローマ法王のグレゴリウス十三世に謁見を賜った。その一人が千々石ミゲルである。帰国後使節四人はイエズス会に入会したが、ミゲルは一六〇一年ころ脱会したようだ。イエズス会の記録では棄教したとされている。ミゲルは千々石清左衛門を名乗って純忠の子の大村喜前に仕えた。

ところで、千々石ミゲル墓所推定地が、ミゲルの知行地であった諫早市多良見町伊木力（いきりき）地区にあって、そこには「玄蕃（げんば）さんの墓」といわれてきた大きな石碑が立っている。表には「妙法（みょうほう）」の大きな文字と左右に法名があり、中央に「寛永九壬申年十二月」、裏面左下には「千々石玄蕃允（げんばのじょう）」と刻まれている。「玄蕃さんの墓」は、おそらく建立者である千々石玄蕃允からきていた。寛永九年十二

発掘状況　石槨の上の蓋石

月は陽暦では一六三三年、玄蕃允は千々石ミゲルの四男である。

かつて、この石碑を守ってこられた井手則光夫妻にお会いしたとき、奥様の榮子さんが言われた言葉が印象深かった。「私たちは『ゲンバ様ゲンバ様、大難は小難でのがれるように』とお祈りするのですよ」。

それでは、発掘調査の経緯・成果を概略述べる。今回の調査は三回目である。これまでの二回はミゲルの子孫筋にあたり、墓所がある土地の所有者でもある浅田昌彦氏の費用負担で行われた。

今回は実行委員会（会長・立石暁長崎総合科学大学理事長）を設立して寄付を募り、石造物の研究家・大石一久氏が調査統括となり、別府大学文学部の田中裕介教授の指導のもと、多くの地元ボランティアも参加して進められた。

墓地の遺構は、当時の上級武士を思わせる石槨（せっかく）構造と三枚の蓋石、その下に長持を転用して錠をかけた木棺が

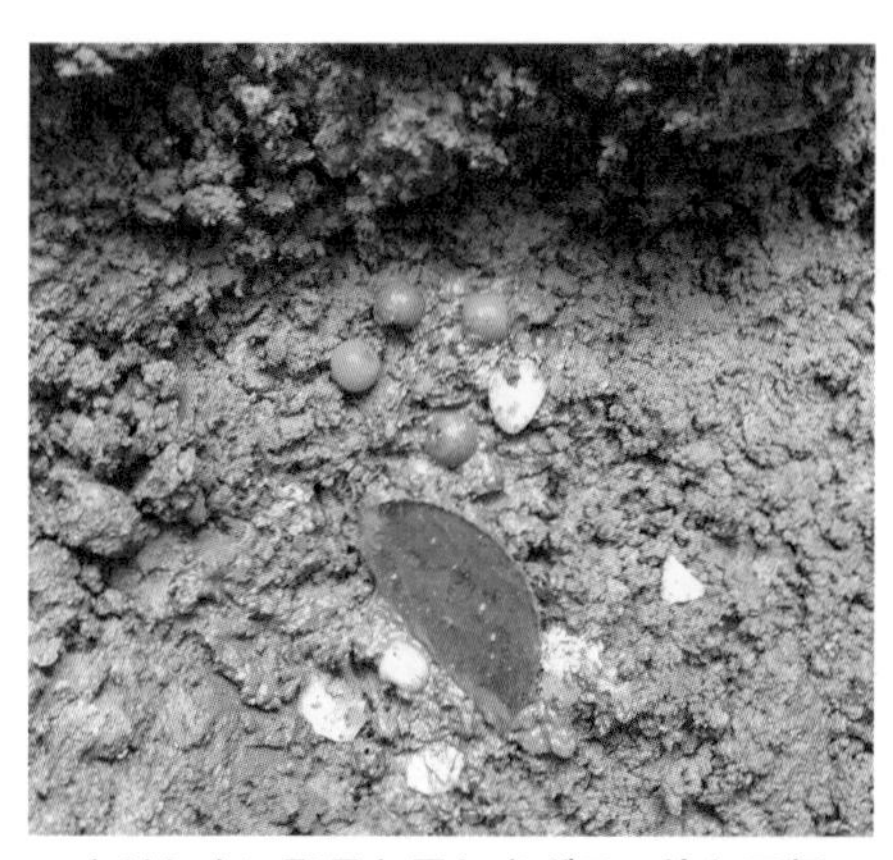
キリシタン聖具と思しきガラス片と玉類

埋まっていた。木部は朽ちているが、そこからは骨片と歯が出土し、専門家のおよその鑑定・分析によると、骨片・歯からは二十五～四十五歳の女性ではないかという結果が出た。

さらに驚くべきは板ガラス片一点、青・白・茶・紺・黒色のビーズ五十九点が副葬されていたのである。板ガラス・ビーズ類はキリシタン聖具らしい。仏教様式（日蓮宗）の墓碑の下からキリシタン聖具と思われる遺物が出土したのであるから、これまで棄教したといわれてきたミゲルが、イエズス会を脱退しても信仰を続けていた可能性が強くなった。

ただ明らかになった埋葬者は女性である。新型コロナウイルス感染拡大により、二〇二一年まで発掘は延期になったが、改めて発掘調査が行われれば、隣に眠っているミゲルが確認されるかもしれない。

結びにかえて

浦上天主堂 旧鐘楼

最後に、「長崎と天草地方の潜伏キリシタン関連遺産」の構成資産について一言申し添えたい。もともと「長崎の教会群とキリスト教関連遺産」という教会群を中心とした登録推進活動の進展とともに、有力な資産候補は国史跡、重要文化財、重要文化的景観に指定・選定されていった。そうした過程で外れた候補もいくつかあるが、振り返ってみて残念なのは浦上天主堂（高谷庄屋屋敷跡）である。現在の浦上天主堂は、原爆で破壊された旧天主堂の跡地に一九五九年に再建されたもので、鉄筋コンクリート造りの新しい教会であるから、重要文化財に指定される条件を満たしていなかった。また史跡指定への動きもなかった。

その後世界遺産登録の活動が、教会群中心から潜伏キリシタンに変わっても浦上天主堂を加えるという見直しはなく、離島・半島にあるかつての潜伏集落と、潜伏の歴史を証明する教会の維持・管理のために、長崎県や資産を抱える各自治体は登録をできるだけ急ぐ必要があった。登録申請は追加登録も含めて、その国で年に一件だけという制約があるなか、幸い序章で述べたように二〇一八年正式に登録された。今後浦上天主堂（高谷庄屋屋敷跡）の追加登録を期待したいが、日本各地で登録申請に取り組んでいる多くの自治体のことを考えると、かなり難しそうだ。

原爆の熱線で焼けた石像

それでも、原爆の爆風で崖下の川に落ちた浦上天主堂北側の旧鐘楼が、潜伏キリシタン関連ではないとしても、二〇一六年に「長崎原爆遺跡」の一ヶ所として国の史跡に指定された。将来に望みをつないでおきたい。なにより浦上天主堂（高谷庄屋屋敷跡）は日本キリスト教史のストーリーに欠くことができない大切な舞台である。この土地は数千人の潜伏キリシタンの信仰が発覚した浦上崩れの中枢に位置し、なおかつカトリック信徒が総力をあげて建設した浦上天主堂が原爆によって破壊され（信徒もおよそ八千人余が犠牲になった）、その後復興したという奇跡の歴史を有しているからである。

参考史料・文献（およそ本文掲載順）

第一章

ピーター・ミルワード『ザビエルの見た日本』（講談社、一九九八年）
アレッサンドロ・ヴァリニャーノ『日本巡察記』（平凡社、一九八一年）
五野井隆史『日本キリスト教史』（吉川弘文館、一九九〇年）
遠藤周作『沈黙』（新潮社、一九六六年）ここでは二〇〇一年版使用
結城了悟『新史料天正少年使節』（南窓社、一九九〇年）
若桑みどり『クアトロ・ラガッツィ』（集英社、二〇〇四年）
『デ・サンデ天正遣欧使節記』（雄松堂書店、一九六九年）
吉村昭『磔』（文春文庫、一九八七年）
ルイス・フロイス『フロイス日本史』（松田毅一・川崎桃太訳、中央公論社、一九七八年～八〇年）
――『日本史』（柳谷武夫訳、平凡社東洋文庫、一九六三年～七〇年）
――『日本二十六聖人殉教記』（結城了悟訳、純心女子短期大学、一九九五年）
「伴天連記」（『海表叢書』巻一、更生閣書店、一九二七年）
「サントスの御作業のうち抜書」（尾原悟『サントスのご作業』教文館、一九九六年）
『日葡辞書 VOCABVLARIO DA LINGOA DE IAPAN』（岩波書店、一九六〇年）
『日葡辞書 邦訳』（岩波書店、一九八〇年）
『どちりな・きりしたん 長崎版』（岩波文庫、一九五〇年）

『シーボルトNIPPON（日本）』（長崎歴史文化博物館蔵）
「耶蘇天誅記」（長崎歴史文化博物館蔵）
服部英雄・千田嘉博・宮武正登編『原城と島原の乱――有馬の城・外交・祈り』（新人物往来社、二〇〇八年）
「平戸オランダ商館長ニコラス・クーケバッケル書翰」（『長崎県史　史料編第三』長崎県史編纂委員会、一九六六年）
『原城跡IV』南島原市文化財調査報告書第4集（南島原市教育委員会、二〇一〇年）
「寛永十九年平戸町人別生所糺」（『日本都市生活史料集成六　港町篇I』学習研究社、一九七五年）
「こんちりさんのりやく」片岡弥吉校注（日本思想大系25『キリシタン書・排耶書』岩波書店、一九七〇年）

第二章

藤野保・清水紘一編『大村見聞集』（高科書店、一九九四年）
『長崎実録大成正編』（長崎文献社、一九七三年）
加藤健「平戸藩キリシタン嫌疑事件――浮橋主水事件について――」（長崎楽会配布資料、二〇〇七年）
「家世伝　夫人伝」（松浦史料博物館蔵、久家孝史学芸員教示）
『十六・七世紀イエズス会日本報告集　第III期第1巻』（同朋社、一九九七年）
中園成生『かくれキリシタンの起源』（弦書房、二〇一八年）
――『かくれキリシタンとは何か』（弦書房、二〇一五年）
――『くじら取りの系譜』（長崎新聞社、二〇〇六年）
皆川達夫『洋楽渡来考』（日本キリスト教団出版局、二〇〇四年）
永山時英『吉利支丹史料集』（対外史料宝鑑刊行会、一九二六年）
田北耕也『昭和時代の潜伏キリシタン』（日本学術振興会、一九五四年）
『カトリック大辞典』（冨山房、一九四〇年）
宮崎賢太郎『カクレキリシタンの実像』（吉川弘文館、二〇一四年）
宮崎賢太郎ほか『長崎県のカクレキリシタン』（長崎県教育委員会、二〇〇九年）

第三章

「郷村記」（長崎歴史文化博物館蔵）
藤野保編『大村郷村記』（国書刊行会、一九八二年）
『佐賀藩深堀日記』（平幸治翻刻、長崎文献社、二〇一八年）
「天地始之事」田北耕也校注（日本思想大系25『キリシタン書・排耶書』岩波書店、一九七〇年）
田北耕也 第二章前掲書
浦川和三郎『切支丹の復活 後編』（日本カトリック刊行会、一九二八年）
西村貞『日本初期洋画の研究』（全国書房、一九四五年）
岩﨑義則「五島灘・角力灘海域を舞台とした18世紀～19世紀における潜伏キリシタンの移住について」（『長崎県内の多様な集落が形成する文化的景観保存調査報告書【論考編】』、および同『【資料編3】藩政史料編』長崎県世界遺産登録推進室、二〇一三年）
「ド・ロ神父日日録」（お告げのマリア修道会蔵）
大坪道子『ド・ロ神父黒皮の日日録』（長崎文献社、二〇〇六年）
松川隆治ほか『天地始まりの聖地――長崎外海の潜伏・かくれキリシタンの世界』（批評社、二〇一八年）
松尾潤『祈りの記憶 長崎と天草地方の潜伏キリシタンの世界』（批評社、二〇一八年）

第四章

『長崎のコレジヨ』（純心女子短期大学、一九八五年）
浦川和三郎『浦上切支丹史』（全国書房、一九四三年）
永井隆編『浦上天主堂写真集』（長崎浦上天主堂、一九四九年）
長崎日日新聞（長崎県立図書館郷土課蔵）
『医王山延命寺開創四百年記念誌 いのち紡ぎて』（延命寺、二〇一七年）
「金井八郎翁備考録」（長崎歴史文化博物館蔵）

長崎奉行所「犯科帳」（長崎歴史文化博物館蔵）
森永種夫『犯科帳』（犯科帳刊行会、一九五八年〜六一年）
「切支丹史料」（長崎歴史文化博物館蔵）
「文化四年 御仕置伺」（長崎歴史文化博物館蔵）
「長崎志続編」（長崎歴史文化博物館蔵）
木村直樹『長崎奉行の歴史 苦悩する官僚エリート』（角川選書、二〇一六年）
「異宗一件」（長崎歴史文化博物館蔵）
岡泰正「マリア観音新考」（神戸市立博物館『博物館だより73』、二〇〇一年）
若桑みどり『聖母像の到来』（青土社、二〇〇八年）
『プティジャン司教書簡集』、「プティジャン司教書簡エリア写本」（いずれも長崎純心大学博物館蔵）
「御用留」（長崎歴史文化博物館蔵）
「浦上村異宗信仰致候者名前書」（長崎歴史文化博物館蔵）
「異宗一件書類 公事方掛」（長崎歴史文化博物館蔵）
「異宗一件入牢之者名前」（長崎歴史文化博物館蔵）
「長崎近郷之図」（長崎歴史文化博物館蔵）
「仙右衛門覚書」（高木慶子『高木仙右衛門覚書の研究』中央出版社、一九九四年）
『信仰の礎 浦上公教徒流配六十年記念』（浦上天主堂、一九三〇年）
片岡弥吉「異宗門徒人員帳の研究」（『片岡弥吉全集3』智書房、二〇一九年）
本馬貞夫「長崎キリスト教史についての一考察——長崎奉行所文書にみる邪宗と異宗——」（『貿易都市長崎の研究』九州大学出版会、二〇〇九年）
——「長崎県庁文書から見る浦上四番崩れ」（『「浦上四番崩れから150年を迎えて」記念講演集』長崎純心大学博物館、二〇一七年）
「明治十七年 庶務課庶務係事務簿 浦上山里村」（長崎歴史文化博物館蔵）

「破吉利支丹」海老沢有道校注（日本思想大系25『キリシタン書・排耶書』岩波書店、一九七〇年）
古野清人『隠れキリシタン』（至文堂、一九五九年）
――「文化年間における天草のキリシタン」（『九州文化史研究所紀要第二号』一九五二年）
児島康子「天草異宗事件における対処方針――「天草吟味控」を通して――」（『熊本大学社会文化研究6』、二〇〇八年）
――「今富村村方騒動にみる庄屋存続体制の確立」（『長崎純心大学人間文化研究第7号』、二〇〇九年）
「天草吟味控」（しまばら古文書を読む会翻刻・製本、二〇〇一年）
「今富村百姓共之内宗門心得違之者糺方日記」（『天草古切支丹資料一』九州史料刊行会編、一九五九年）
「宗門心得違一件ニ付江戸行書付」（『天草古切支丹資料二』九州史料刊行会編、一九五九年）
松尾公則『長崎県の哺乳類』（長崎新聞社、二〇一〇年）
「大江村宗門心得違之者御吟味日記」（前掲『天草古切支丹資料一』）
『上田宜珍日記　文化二年』（上田陶石合資会社・天草町教育委員会、一九八八年）

第五章

「青方文書」（長崎歴史文化博物館蔵）
瀬野精一郎校訂『青方文書』（続群書類従完成会、一九七五年・七六年）
前田儀太夫墓碑「頭ケ島由来記」（『信仰と生きる』新上五島町、二〇一九年）
「明治二年　頭ケ島居付改宗人数血判帳」（長崎歴史文化博物館蔵）
林一馬・川上秀人ほか『鉄川与助の教会建築』（ＬＩＸＩＬ出版、二〇一二年）
松尾公則「長崎県に生息する4種のヤモリ属」（『長崎県生物学会誌84』、二〇一九年）
『上田宜珍日記　文化五年』（上田陶石合資会社・天草町教育委員会、一九八九年）
『伊能忠敬測量日記』（伊能忠敬記念館、一九八九年）
『江袋教会堂焼損復旧修理工事報告書』（カトリック長崎大司教区、二〇一〇年）
浦川和三郎　第三章前掲書

「天地始之事」第三章前掲書
「貞享五年切支丹転並類族死帳」（長崎歴史文化博物館蔵）
元禄三年「肥前国五島領転切支丹之類族帳」、同六年「肥前国五島領転切支丹之類族存命之覚」（個人蔵、荒木文朗翻刻・製本、二〇〇六年）
「耶蘇宗一件初編」（国立公文書館蔵、第三章前掲『長崎県内の多様な集落が形成する文化的景観保存調査報告書【資料編3】藩政史料編』）
「切支丹信仰ノモノ惣人数書」（同右史料所収）
「異宗徒人員帳」（長崎歴史文化博物館蔵）
田北耕也 第二章前掲書
柿森和年「五島の奈留島に伝わる「絹のおらしょ『今日の御じき』」について」（『キリシタン文化研究会会報一五二号』、二〇一八年）
「耶蘇宗一件三編」（国立公文書館蔵、第三章前掲『長崎県内の多様な集落が形成する文化的景観保存調査報告書【資料編3】藩政史料編』）
中島功『五島編年史』（国書刊行会、一九七三年）
「御家世伝草稿」（岩崎義則 第三章前掲論文による）
フランシスク・マルナス『日本キリスト教復活史』（みすず書房、一九八五年）
黒島尋常小学校「黒島村郷土誌」（長崎歴史文化博物館蔵、一九一八年）

終　章

『キリシタン墓碑の調査』（長崎純心大学、二〇一二年）
『日本キリシタン墓碑総覧』（南島原市教育委員会、二〇一二年）
『長崎県の文化財』（長崎県教育委員会、二〇〇一年）

謝辞

まずは二年五ヶ月もの間、本書のもととなった新聞連載の機会を与えてくださった東京新聞の水野泰志編集委員、野呂法夫編集委員、および中日新聞の金井俊夫編集委員と両紙関係者の方々に感謝したい。

次に、連載執筆中に長崎県内各地でお世話になった方々である。南島原市の原城跡は、同市教育委員会の松本慎二文化財課長（現・世界遺産推進室長）に現地で説明を受けた。平戸市方面は、松浦史料博物館の久家孝史学芸員と生月町博物館「島の館」の中園成生学芸員に多くの教示を得た。春日集落の案内所「かたりな」のおばあちゃまたちも忘れがたい。

長崎市外海地方では松川隆治氏の存在が大きい。外海だけでなく、連載の初めから終わりまで相談に乗ってもらった。同市浦上地区とキリスト教史について長崎純心大学博物館の松田亮子学芸員たちには随所で資料提供を受けた。五島列島では、小値賀町の平田賢明学芸員、新上五島町の高橋弘一専門員、五島市の松崎義治氏にお世話になった。現地に足を運んだ際、たまたまお会いした人々からも貴重なお話をうかがった。

また、九州大学大学院の岩崎義則准教授からは、外海から五島への大村藩領民の移住について史料的裏付けを教授された。さらに、浦上四番崩れの「旅」では、友人の梅田和秀氏からの情報で石川県金沢市へ飛び、連載が地理的に広がった。

掲載写真も数が多いだけに結構大変だった。それでも、身近に長崎歴史文化博物館資料があって、矢田純子研究員には、とりわけお世話になった。

写真データの提供などでお世話になったのは、長崎県世界遺産課、県立長崎図書館郷土課、日本二十六聖人記念館、江崎べっ甲店（現在閉店）、長崎市サント・ドミンゴ教会跡資料館、長崎純心大学博物館、南島原市、大村市歴史資料館、松浦史料博物館、平戸市生月町博物館「島の館」、平戸市切支丹資料館、外海潜伏キリシタン文化資料館、熊本県天草市立天草キリシタン館、同市上田陶石合資会社である。また個人提供者として、橋本正信氏をはじめ高橋弘一氏、山口保彦氏、石尾和貴氏、長瀬雅彦氏、吉浦美帆氏、また外海黒崎の松尾昌幸氏にも感謝したい。

車を手放した筆者は友人・同僚の好意で、何度も平戸・外海・上五島など車を運転してもらいながら教えも受けた。松尾公則、川原和博、山口保彦、橋本正信の各氏である。

なお、本書の刊行に際しては九州大学出版会の編集企画　尾石理恵氏に大変お世話になった。深く感謝申し上げる。

本馬貞夫

著者紹介

本馬貞夫（ほんま・さだお）

山口大学文理学部国史専攻卒、長崎県立高等学校教諭、県立長崎図書館副館長兼郷土課長、長崎県参与などを経て、現在、長崎県長崎学アドバイザー。

著書など『貿易都市長崎の研究』（九州大学出版会、2009年）、「長崎遊学者のその後——梅園・玄沢・江漢を中心に——」（『長崎 東西文化交渉史の舞台』勉誠出版、2013年）、「長崎代官末次平蔵四代の系譜」（『長崎学創刊号』、2017年）ほか。

KUP選書2

世界遺産（せかいいさん） キリシタンの里（さと）

——長崎・天草の信仰史をたずねる——

2021年1月31日　初版発行

著　者　本　馬　貞　夫

発行者　笹　栗　俊　之

発行所　一般財団法人 九州大学出版会

〒814-0001　福岡市早良区百道浜3-8-34

九州大学産学官連携イノベーションプラザ305

電話　092-833-9150

URL　https://kup.or.jp

印刷・製本／城島印刷㈱

Printed in Japan　ISBN 978-4-7985-0294-6

KUP選書

創刊の辞

九州大学出版会（Kyushu University Press）は、研究成果公刊の手段に乏しい地方と首都圏との格差を憂う大学人の、九州に学術出版社を求める声の高まりを受け、一九七五年に設立されました。設立趣意書には、「私たちは多大な不便を忍びながら遠く離れた中央にその全部を依存せざるを得ない状況にあります」と、当時の実状が記されています。

情報通信技術が発達した今日では、地方に在ることがかつてほど不利なことではなくなりました。また、地方の位置づけも、首都圏に対する周縁という存在から、それぞれが独自の魅力を放つ主体へと変化しつつあります。「いまそこに在る」ことの重要性が増し、私たちに求められる役割も、単に出版の受け皿というだけではなく、地域の「知」を吸い上げ、広く普及することへと変容しつつあるように思われます。

このたび創設四十五年を機に、私たちはＫＵＰ選書を創刊します。本シリーズは、地域にゆかりのあるテーマや特色ある研究成果、過去に好評を博したものの品切れとなっている既刊書などを、より親しみやすい体裁でお届けすることを目的としています。本シリーズがさまざまな場における「知」の交流を促し、地域の特異性から新たな普遍性の発見を導き出す一助となれば幸いです。

二〇二〇年八月

九州大学出版会理事長　笹栗俊之